AF597611

EMPIRISCHE WIRTSCHAFTS- UND SOZIALFORSCHUNG

Herausgegeben von
Prof. Dr. Gerold Blümle
Prof. Dr. Hans-Josef Brink
Prof. Dr. Siegfried Hauser

Band 14

Datenvisualisierung

Neuere Entwicklungen
der explorativen graphischen Datenanalyse
mittels metrischer Skalierungsverfahren

Ariane Kristof

Centaurus Verlag & Media UG 1995

Die Deutsche Bibliothek – CIP-Einheitsaufnahme

Kristof, Ariane:
Datenvisualisierung : neuere Entwicklungen
der explorativen graphischen Datenanalyse
mittels metrischer Skalierungsverfahren / Ariane Kristof. –
Pfaffenweiler : Centaurus-Verl.-Ges., 1995
(Empirische Wirtschafts- und Sozialforschung ; 14)
Zugl.: Freiburg (Breisgau), Univ., Diss., 1993
ISBN 978-3-89085-972-9 ISBN 978-3-86226-326-4 (eBook)
DOI 10.1007/978-3-86226-326-4
NE: GT

ISSN 0935-0365

Satz: Vorlage der Autorin

Inhaltsverzeichnis

Verzeichnis der Tabellen

Verzeichnis der Abbildungen

Abkürzungsverzeichnis

CLA	Clusteranalyse
DA	Diskriminanzanalyse
EDA	exploratory data analysis/explorative Datenanalyse
HKA	Hauptkomponentenanalyse
KA	Korrespondenzanalyse
MKA	multiple Korrespondenzanalyse
SVD	singular value decomposition

Kapitel I: Einführung in das Problemgebiet

Ein vielbemühtes Sprichwort stellt fest, ein Bild sage mehr als tausend Worte. In der empirischen Wirtschafts- und Sozialforschung hat sich während der zurückliegenden zwei Jahrzehnte eine analoge Erkenntnis etabliert: Eine graphische Darstellung quantitativer Informationen ist wesentlich effektiver als eine numerische, meist tabellarische oder eine verbale Präsentation.

Diese Arbeit behandelt neuere Entwicklungen im Bereich der explorativen graphischen Datenanalyse. Im Mittelpunkt steht dabei die Korrespondenzanalyse, ein jüngeres Mitglied der Familie der metrischen Skalierungsverfahren. Das Anliegen der Korrespondenzanalyse ist die Analyse der Struktur einer aggregierten Häufigkeitstabelle und die Darstellung dieser Struktur in einem geometrischen Modell. Unter Beachtung bestimmter Anwendungsregeln kann die Korrespondenzanalyse zur graphischen Abbildung verschiedenster Datentabellen eingesetzt werden. Der große Vorzug einer graphischen Darstellung jeglicher Informationen besteht darin, daß Informationen auf visuellem Wege sehr viel leichter aufgenommen werden als durch irgendein anderes Medium.

Diese Erkenntnis findet auch in der Statistik zunehmend Niederschlag. Dabei wird die Verbreitung graphischer Methoden in der Statistik vor allem durch den Computer ermöglicht. Die mit der "Computerrevolution" wirksam gewordenen technologischen Entwicklungen haben in diesem Fach einen Schub praktischer und theoretischer Neuerungen ausgelöst. Zunächst gilt dies für den Hardwarebereich in Bezug auf Rechengeschwindigkeit und Handhabung großer Datenmengen. Bis heute scheitert die Anwendung mancher theoretisch entwickelter Verfahren an dem zeitlichen Aufwand und den Kosten der praktischen Rechenbarkeit. So beschrieb Karl Pearson die geometrische Herleitung der Hauptkomponentenanalyse bereits zu Beginn dieses Jahrhunderts.[1] Die kanonische Zerlegung einer symmetrischen Matrix, Kern des Verfahrens ist jedoch erst seit den 60er Jahren im großen Stile möglich, als empirisch arbeitende Wissenschaftler Zugang zu

---

1. Pearson, K. (1901). On Lines and Planes of Closest Fit to a System of Points in Space. *Philosophical Magazine and Journal of Science, Series 6*, 2, 559-72.

leistungsfähigen Rechnern fanden.

Die Leistungsfähigkeit moderner Rechner und Bildschirme und die Verbreitung aufwendiger Graphikkarten ziehen rege Entwicklungen insbesondere in der statistischen Graphik und der entsprechenden Graphiksoftware nach sich. Der empirische Wirtschafts- und Sozialforscher findet bereits für den PC ein weites Angebot vor, das von flexibler farbiger Präsentationssoftware bis hin zur Implementierung aufwendiger geometrischer Analyseverfahren in den großen statistischen Softwarepaketen reicht.

Mit der Verbreitung von graphischen statistischen Verfahren geht ein wachsendes Interesse an "Datenexploration" unter deutschen Wirtschafts- und Sozialwissenschaftlern einher. Explorative graphische Datenanalyse wie die Korrespondenzanalyse wird insbesondere von den betont empirisch-induktiv ausgerichteten Sozialwissenschaftlern im französischsprachigen Raum betrieben. In Deutschland sind vor allem der Begründer der "Analyse des Données"-Schule, Jean-Paul Benzécri, bekannt, sowie Pierre Bourdieu, dessen Analyse klassenspezifischer Geschmacksunterschiede der Pariser Bevölkerung auch in der deutschen Soziologie große Beachtung fand.[2] Die Schule um Benzécri lehnt statistische Methoden, die auf den Wahrscheinlichkeitsbegriff aufbauen, entschieden ab und rückt stattdessen die deskriptive Analyse extensiven empirisch erhobenen Datenmaterials in den Mittelpunkt. Verallgemeinerungen auf der Basis von repräsentativen Stichproben mittels der Inferenzstatistik werden nicht angestrebt.[3]

Tatsächlich generiert empirische Forschung heutzutage in vielen wirtschafts- und sozialwissenschaftlichen Bereichen, aber auch etwa in der Biologie oder Medizin umfangreiche "Datenberge". In den meisten Fällen werden diese Daten nicht gesammelt, um eine bereits wohldefinierte

---

2. Bourdieu, P. (1979). *La Distinction. Critique sociale du jugement.* Paris: Les éditions de minuit. Diese aus deutscher Sicht unorthododoxe Untersuchung mit wissenschaftlich fragwürdigem Vorgehen wurde unter dem Titel *Die feinen Unterschiede. Kritik der gesellschaftlichen Urteilskraft* als Suhrkamp Taschenbuch 1982 veröffentlicht und ist nun als Suhrkamp Taschenbuch Wissenschaft Nr. 658 ([4]1991) erhältlich.
3. Siehe z.B. Benzécri, J.-P. (1980), S. 1-7. Vgl. auch den Ansatz von L. Lebart, A. Morineau und J.P Fénelon ([2]1982, 1979) in ihren Ausführungen *Traitement des Données Statistiques, Methodes et Programmes.*

Theorie zu testen, sondern um sich einer Fragestellung explorativ heranzutasten. Die gewonnenen Beobachtungen lassen sich zunächst bequem in einer *m* mal *n* Datentabelle zusammenfassen, wobei *m* die Zahl der beobachteten Individuen und *n* die Zahl der Beobachtungen beschreiben. Allein der schiere Umfang der Datenmenge verhindert jedoch tieferes Verständnis der in einer solchen Datenmatrix enthaltenen Informationen. Aus dieser typischen Situation erwächst ein Bedarf an Methoden, die die ursprünglichen *m* mal *n* Originalinformationen in einen Satz eingängiger Parameter überführen.[4] Diesem Vorgehen fällt zunächst eine *zusammenfassende* bzw. *beschreibende* Rolle zu und keine tatsächlich *erklärende*.

Besonders günstig ist es, wenn solche zusammenfassenden, beschreibenden Parameter sich in eine sinnvolle graphische Abbildung überführen lassen, wie es bei der Korrespondenzanalyse geschieht. Methoden dieser Art, die Daten dem Auge präsentieren, geben häufig mehr Details preis als numerische Zusammenfassungen vermögen. Der Grund ist darin zu sehen, daß es dem Betrachter wesentlich leichter fällt, herausstechende Eigenheiten in bildlichen als in numerischen Informationen zu erkennen. Diese Tatsache gilt erst recht im Hinblick auf die oben erwähnten umfangreichen Datenmatrizen. Vor diesem Hintergrund ist die Bedeutung der explorativen graphischen Datenanalyse zu sehen: Sie umfaßt Techniken der beschreibenden Statistik, die allesamt das Ziel verfolgen, die wichtigsten Charakteristika eines Datensatzes den menschlichen perzeptiven und kognitiven Fähigkeiten anzupassen.[5]

Auch ohne eine genaue Einführung in die Vorgehensweise der Korrespondenzanalyse vermittelt ein Beispiel einen Eindruck von der Leistungsfähigkeit dieser besonderen Methode der Informationsvermittlung. Man betrachte folgende Tabelle, in der die Verteilung der insgesamt 662 Sitze im Deutschen Bundestag über 16 Bundesländer bzw. fünf Parteien

---

4. Wie Raymond Boudon in seinen Überlegungen zur Rolle der Mathematik und Statistik in den Sozialwissenschaften ausführt, ist es genauso möglich, die in einer solchen *n*-variaten Verteilung enthaltenen Informationen durch eine begrenzte Gruppe von Parametern zusammenzufassen, wie man die in einer univariaten Verteilung enthaltenen Informationen durch eine kleine Anzahl von Parametern (etwa Mittelwert und Standardabweichung) beschreiben kann. Siehe Boudon, R. (1986), S. 212.
5. Siehe z.B. den Aufsatz von I.J. Good (1983), S. 287 ff zur Philosophie explorativer Datenanalyse.

aufgrund des Wahlergebnisses von 1990 festgehalten ist:[6]

Tabelle I.1:

Sitzverteilung im Deutschen Bundestag aufgrund des Wahlergebnisses von 1990

	SPD	CDU/CSU	FDP	Bü90/Grün	PDS	Summe
Baden-Würt. (bw)	24	39	10	0	0	73
Bayern (by)	26	51	9	0	0	86
Berlin (be)	9	12	3	1	3	28
Brandenburg (br)	7	8	2	2	3	28
Bremen (hb)	3	2	1	0	0	6
Hamburg (hh)	6	6	2	0	0	14
Hessen (he)	20	22	6	0	0	48
Meckl.-Vor. (mv)	4	8	1	1	2	16
Nieders. (ns)	27	31	7	0	0	65
Nordrh.-Wf. (nw)	65	63	17	0	1	146
Rheinl.-Pf. (rp)	13	17	4	0	0	34
Saarland (sl)	6	4	1	0	0	11
Sachsen (sn)	8	21	5	2	4	40
Sachs.-Anh. (sa)	6	12	5	1	2	26
Schles.-Hol. (sh)	10	11	3	0	0	24
Thüringen (th)	5	12	3	1	2	23
Summe	239	319	79	8	17	662

Wir wissen zwar, daß sich das Wahlverhalten in den verschieden Bundesländern z.T. erheblich unterscheidet, was sich in entsprechenden Abweichungen in der Parteizugehörigkeit der Abgeordenten niederschlagen sollte, aber es fällt schwer, diese Tatsache beim bloßen Betrachten der Tabelle an den Zahlenwerten greifbar zu machen. Überführen wir jedoch die Tabelle mittels einer Korrespondenzanalyse in eine graphische Abbildung, so erkennen wir sofort, daß die Bundesländer gemäß der Parteizugehörigkeit der sie vertretenden Parlamentarier in zwei deutlich unterschiedliche Gruppen zerfallen (siehe Abbildung nächste Seite).

6. Quelle: Statistisches Bundesamt, *Statistisches Jahrbuch 1991*, S. 101.

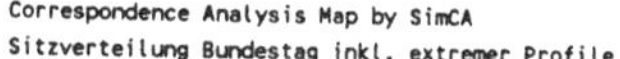

96.2% of total inertia is represented in the above map

Abb. I.1: Graphischer Output einer Korrespondenzanalyse

Dieses zweidimensionale Diagramm berücksichtigt über 96% der in der Originaltabelle enthaltenen Streuung, d.h. es geht sehr wenig Information bei der Überführung in die graphische Abbildung verloren, obwohl diese einen viel unmittelbareren Einblick in die Struktur der Wahldaten liefert. Es mag dabei wenig überraschen, daß sich links eine klare Wolke von Ost-Bundesländern zeigt, die sich in ihrem Wahlverhalten deutlich von der Kette der West-Länder rechts abhebt. Eine genauere Besprechung dieses Korrespondenzanalyse-Diagramms erfolgt in einem späteren Kapitel dieser Arbeit.

Die "Überlegenheit des Bildes für die Informationsvermittlung"[7] ist in der Perzeptionspsychologie schon lange erkannt. Durch Bilder und Graphiken vermittelte Informationen haben aufgrund des habituellen menschlichen Blickverhaltens eine erheblich größere Chance aufgenommen

---

7. Kroeber-Riel, W. (^{4}1990), S. 251.

und behalten zu werden, als wenn sie in verbaler oder numerischer Form präsentiert werden. Diese Tatsache ist als sogenannter "picture superiority effect" in der psychologischen Literatur bekannt.[8] Hinzu kommen weitere Einflüsse, welche die bildhafte Informationsvermittlung an sich begünstigen. Nach der Theorie von Allen Paivio werden zudem Bilder besser als Texte vom menschlichen Gehirn gespeichert.[9]

Auch dann, wenn die eigentliche Information abstrakt ist, kann man die Einprägsamkeit erhöhen, indem man an das bildliche Vorstellungsvermögen des Empfängers appelliert und die Information soweit wie möglich in konkrete Darstellungen übersetzt. Diese Einsicht, die schon lange von der Werbewirtschaft zur Konsumentenbeeinflussung eingesetzt wird[10], hat auch für den Wirtschafts- und Sozialforscher nützliche Implikationen. Bilder und Graphiken spielen in der persönlichen Kommunikation eine untergeordnete Rolle, eignen sich aber sehr gut zur Massenkommunikation.[11] Auch der empirische Wirtschafts- und Sozialforscher muß die Resultate seiner Untersuchungen seinen Kollegen und Studenten, seinem Auftraggeber und einer interessierten Öffentlichkeit unterbreiten. Seine Ergebnisse werden umso mehr Beachtung finden, je eingängiger und plakativer sie präsentiert sind, d.h. je deutlicher sie seinem Publikum "vor Augen geführt" werden.

Metrische Skalierungsverfahren wie die Korrespondenzanalyse stoßen insbesondere in der deutschsprachigen betriebswirtschaftlichen Literatur in jüngster Zeit auf reges Interesse, ist die Anwendung dieser Methoden doch gerade für die Marktforschung äußerst interessant. Es muß jedoch festgestellt werden, daß die Präsentation der Verfahren häufig fehlerhaft und/oder unvollständig ist. *Wie* ein beschriebenenes Verfahren eine bestimmte Form von graphischer Abbildung erzeugt bleibt meistens nicht nachvollziehbar. Folglich können die Verfasser den Einsatz des dargestellten Verfahrens nur schwer rechtfertigen.

---

8. Siehe z.B. MacInnis, D. und Price, L. (1987), S. 484.
9. Paivio, A. (1971, 1975, 1976).
10. Vgl. Kroeber-Riel, W. (^{4}1990), S. 361.
11. In diesem Zusammenhang ist auch den Hinweis Kroeber-Riels erleuchtend, daß das Fernsehen (Bilder!) gegenüber den Printmedien (Worte und Zahlen) als ausgesprochenes Unterhaltungsmedium gilt. Vgl. Kroeber-Riel, W. (^{4}1990), S. 598.

Zugegebenermaßen ist die lineare Algebra, auf der die metrischen Skalierungsverfahren beruhen, schwerverdaulich und abstrakt. Ihre geometrische Deutung ermöglicht jedoch Einsicht in die Funktionsweise dieser Verfahren der explorativen graphischen Datenanalyse. In der vorliegenden Arbeit wird dies am Beispiel der Korrespondenzanalyse, dem jüngsten Mitglied der Familie der metrischen Skalierungsverfahren, demonstriert. Aufbauend auf der Geometrie der bekannten Hauptkomponentenanalyse läßt sich die Funktionsweise der Korrespondenzanalyse darlegen. Vor diesem Hintergrund können dann verschiedene Einsatzgebiete der Korrespondenzanalyse in den Wirtschaftswissenschaften diskutiert werden.

Wie bereits mehrmals betont wurde, stellt diese Arbeit die Korrespondenzanalyse in den Kontext der explorativen graphischen Datenanalyse. Dabei wird die Korrespondenzanalyse primär als ein *Verfahren zur graphischen Abbildung von Häufigkeitstabellen* aufgefaßt, deren Ergebnis Grundlage einer weitergehenden Analyse des betrachteten Datensets sein *kann*. Der Aufbau der Arbeit folgt dieser Prämisse. Im folgenden Kapitel II werden einige theoretische Aspekte einer graphischen Aufbereitung von Daten diskutiert. Verschiedene Methoden für die Darstellung ein-, zwei- oder mehrdimensionaler Datensets werden in Kapitel III vorgestellt. Kapitel IV geht auf die Hauptkomponentenanalyse als grundlegendes metrisches Skalierungsverfahren ein. Anschließend erfolgt eine genaue Ausarbeitung des Verfahrens der Korrespondenzanalyse in Kapitel V. Ihre Anwendbarkeit in den Wirtschaftswissenschaften steht schließlich in Kapitel VI zur Diskussion.

Kapitel II: Warum Daten graphisch aufbereiten?

II.1. Zur Geschichte der graphischen Aufbereitung von Daten

Graphische Darstellungen quantitativer Informationen haben von Anfang an eine zentrale Rolle in der Entwicklung der neuzeitlichen Natur- und Sozialwissenschaften gespielt. Statistische Graphiken entsprangen damit bereits frühesten Bemühungen, systematisch gesammelte Daten genauer zu untersuchen.[1]

Das spezifische Problem einer übersichtlichen Anordnung der zu betrachtenden Daten wuchs mit dem Aufkommen moderner Meßgeräte unter dem Einfluß der beginnenden Industrialisierung (Beispiele sind die Erfindung des Barometers im Jahre 1643 oder des Quecksilberthermometers im Jahre 1714). Zunächst konkurrierten der Einsatz von entweder Tabellen und oder Koordinatensystemen bei der Lösung dieser Aufgabe. Der "Koordinatenansatz" erwuchs aus der von Descarte, Fermat und anderen französischen Mathematikern in der ersten Hälfte des 17. Jahrhunderts entwickelten analytischen Geometrie. Sir Edmund Halley verzeichnete 1686 den ersten dokumentierten neuzeitlichen wissenschaftlichen Erfolg des Einsatzes statistischer Graphikverfahren, als er barometrische Messungen in einem Koordinatensystem gegenüber Höhenmetern abtrug, den Werten eine hyperbolische Kurve anpaßte und Extrapolationen berechnete.

Insbesondere die im frühen 18. Jahrhundert in den deutschen Ländern aufkommende neue Disziplin der *Staatenkunde* verfolgte das Ziel, volkswirtschaftliche und soziologische Statistiken für Vergleichszwecke, u.a. im Hinblick auf die Ausarbeitung von Besteuerungssystemen,

---

1. Beninger, J.R. und Robyn, D.L. (1978) bemühen sich, die Geschichte der statistischen Graphik anhand vier historischer Phasen nachzuzeichnen. Jede Phase ist in ihren Ausführungen durch eine besondere Aufgabenstellung der graphischen Datenabbildung gekennzeichnet, welches die zeitgenössischen Wissenschaftler zu bewältigen suchten. Den Anhang ihres Artikels bildet eine detaillierte Auflistung herausragender Entwicklungen der graphischen Statistik, die sie bis ins Jahre 3800 v.Chr. (erste Landkarten in Mesopotamien) zurückverfolgen. S.E. Fienberg (1979) bietet eine weitere historische Darstellung und Interpretation der Evolution graphischer Datenanalyse an.

bereitzustellen. Die so tätigen Sozialwissenschaftler wurden unter dem Namen *Tabellenstatistiker* bekannt, weil sie aufwendige Tabelleninferenzberechnungen anstelle der bereits bekannten kartesischen *plotting*-Verfahren betrieben. Um eine eingängige Darstellung ihrer Daten haben sie sich kaum bemüht. Ansätze für eine methodische Umorientierung in diesem frühen Strang der Wirtschafts- und Sozialforschung kamen aus dem Ausland.

In der Literatur wird William Playfair (1759-1823), einem schottischen Ingenieur und Ökonomen, die Erfindung der meisten auch heute noch weit verbreiteten statistischen Graphiken zugeschrieben, darunter die Einführung des Histogramms, des Kreisdiagramms und der Zeitreihenabbildung.[2] Playfair entwickelte zahlreiche statistische Methoden, um volkswirtschaftliche Daten für verschiedene Staaten vergleichend abbilden zu können. Besonders bemerkenswerte Beispiele sind in *The Commercial and Political Atlas* aus dem Jahre 1786 und im *Statistical Breviary* aus dem Jahre 1801 enthalten, die sich an ein eher allgemeines Lesepublikum richteten. Playfair setzte 1786 erstmalig ein Histogramm zur Darstellung der schottischen Ex- und Importe mit 17 verschiedenen Ländern für das Jahr 1781 ein. Darüber hinaus befindet sich in diesem Werk die graphische Abbildung einer Zeitreihe, die den explodierenden Verlauf der Staatsverschuldung Englands während des 18. Jahrhunderts zeigt.

Es folgten zahlreiche weitere Innovationen der statistischen Graphik im 19. Jahrhundert. J.B.J. Fourier entwickelte 1821 anhand verschiedener Altersklassen eine empirische Verteilungsfunktion der Pariser Bevölkerung für das Jahr 1817. 1843 setzte Léon Lalanne ein Konturendiagramm zur Abbildung einer dreidimensionalen Tabelle ein, die Durchschnittstemperaturen für einen bestimmten Standort nach Stunde und Monat enthielt. Luigi Perozzo legte 1880 ein gezeichnetes Stereogramm der schwedischen Bevölkerung für die Jahre 1750 bis 1875 nach Altersgruppen vor, dessen dreidimensionale Oberfläche sich gut zur Nachmodellierung in Gips o.ä. hergab. Francis A. Walker, Superintendent des U.S. Census (des amerikanischen Bundesamts für Statistik und Volkszählungen),

---

2. Beninger, J.R. und Robyn, D.L. (1978), S. 3; Spence, I. und Lewandowsky, S. (1990), S. 14; und Tilling, L. (1975), S. 195.

veröffentlichte 1874 im *Statistical Atlas of the United States* die ersten Bevölkerungspyramiden.

Zu Beginn des 20. Jahrhunderts erschien als eine weitere Innovation auf dem Gebiet der graphischen statistischen Verfahren die Lorenzkurve, von M.O. Lorenz 1905 als Instrument der Verteilungsmessung im *Journal of the American Statistical Association* vorgestellt.[3] Die Lorenzkurve eignet sich zum Vergleich von Perzentilen zweier kumulierter Häufigkeitsfunktionen und stellt ein frühes Beispiel dessen dar, was heute in der Literatur nach Martin B. Wilk und Ram Gnanadesikan (1986) ein "P-P plot" genannt wird.

Am Beispiel der Lorenzkurve läßt sich kurz die überragende Fähigkeit graphischer Abbildungen verdeutlichen, den Vergleich unterschiedlicher Zahlenwerte erheblich zu vereinfachen. Das Diagramm von Lorenz ist inzwischen die gebräuchlichste Darstellung der personellen Einkommensverteilung einer Volkswirtschaft geworden (siehe Abb. II.1).[4] Auf den Achsen werden jeweils in Prozent die relativen kumulierten Häufigkeiten der Einkommensbezieher (Ordinate) bzw. die relativen kumulierten Häufigkeiten des Gesamteinkommens einer Volkswirtschaft (Abszisse) abgetragen. Sodann läßt sich die geltende Einkommensverteilung mit der Winkelhalbierenden, die im Falle völliger Gleichverteilung gelten würde, vergleichen. Da die Individuen von den niedrigen zu den hohen Einkommen hin kumuliert werden, ist die x-Koordinate eines Kurvenpunktes praktisch immer größer als dessen y-Koordinate, d.h. der Kurvenverlauf der zugrundegelegten tatsächlichen Einkommensverteilung liegt stets unter der Winkelhalbierenden. Der Verlauf der Abweichung der tatsächlichen Einkommensverteilung von der Gleichverteilung--Perzentil für Perzentil--läßt sich auf einen Blick visuell erfassen, ebenso wird ein optischer Vergleich verschiedener Einkommensverteilungen möglich. Dabei tritt allerdings das Problem auf, daß im Bereich hoher Einkommen die definitionsgemäß erfolgende asymptotische Annäherung jeder Lorenzkurve an die Vertikale dazu führt, daß Unterschiede zwischen verschiedenen

---

3. Lorenz, M.O. (1905). "Methods of Measuring the Concentration of Wealth," *JASA* 9, S. 209-19.
4. Für eine ausführliche Diskussion der Lorenzkurve als Darstellungsinstrument der personellen Einkommensverteilung siehe Blümle, G. (1975), S. 30ff.

Verteilungen kaum mehr feststellbar sind.[5]

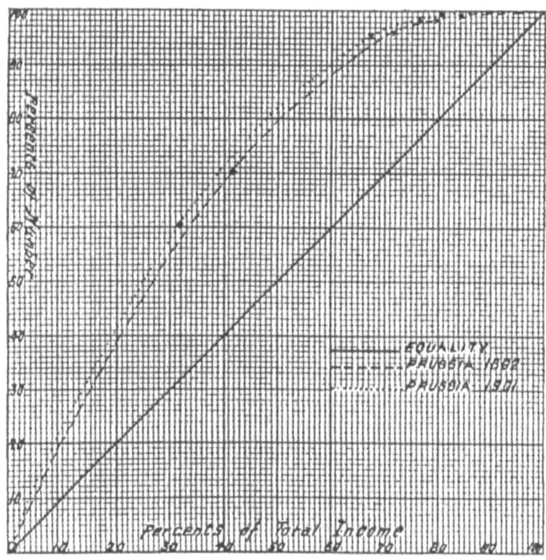

Abb. II.1: Originalbeispiel von M.O. Lorenz zum Vergleich der in Preußen für die Jahre 1892 und 1901 gelten Einkommensverteilung. Die Zahlen für 1901 zeigen eine stärkere Konzentration als die für 1892.

Im 20. Jahrhundert erlebte die statistische Disziplin die Blüte der Inferenzstatistik, bei der mit Hilfe der Wahrscheinlichkeitsrechnung Verteilungsgesetze, Parameter usw. auf der Basis von Stichprobenwerten für gesamte Populationen hergeleitet werden. Das Interesse an graphischen Hilfsmitteln zur Datenuntersuchung trat zugunsten der Entwicklung dieser anspruchsvollen theoretischen Verfahren für lange Zeit zurück. Da die Verteilungs- und Skalenqualitätsvoraussetzungen dieser klassischen statistischen Verfahren jedoch häufig nicht gegeben sind, gewinnen seit neuerem robuste, d.h. verteilungsunabhängige Verfahren verstärkt an Bedeutung. Dazu zählen vor allen Dingen die metrischen

---

5. Häufig wird zur *Konzentrationsmessung* die *Konzentrationsfläche*, d.h. die Fläche zwischen Winkelhalbierender und Lorenzkurve, oder der *Gini-Koeffizient*, der das Verhältnis von Konzentrationsfläche zur Fläche der maximalen Konzentration (die Hälfte der Diagrammfläche) angibt,

Skalierungsverfahren, die eine besondere Form statistischer Graphik darstellen.

In ihrer Grundform existieren diese Methoden ebenfalls seit Beginn dieses Jahrhunderts, ausgehend von dem bereits erwähnten Ansatz Karl Pearsons zur Herleitung der Hauptkomponentenanalyse.[6] Geometrisch betrachtet knüpfen die metrischen Skalierungsverfahren an das ursprüngliche Problem einer übersichtlichen Anordnung eines Datensets in einem kartesischen Koordinatensystem an und fügen dem die weitergehende Absicht einer Reduktion des Datenraums zur Erreichung einer ökonomischen Präsentation der Originalinformationen an.

Eine Datenmatrix enthält meist zuviele Informationen, als daß ein Betrachter diese aufeinmal aufnehmen könnte. Die Unterschiede zwischen den verschiedenen Zeilen und Spalten sowie die Interaktionen zwischen ihnen erschließen sich kaum beim bloßen Betrachten der Matrix. Sobald es jedoch möglich wird, diese Informationen in ein-, zwei- oder maximal dreidimensionale Darstellungen zu vereinfachen, ist das menschliche Auge meist in der Lage, Unterschiede und Beziehungen zwischen Zeilen und Spalten anhand geometrischer Abstandsvergleiche festzustellen. Dieser Prozeß der Datenreduktion wird durch die metrischen Skalierungsverfahren vollzogen.

Inzwischen sind zahlreiche Formen moderner Skalierungsverfahren entwickelt worden, deren Anwendung sich je nach Art der vorliegenden Daten anbietet.[7] Die Hauptkomponentenanalyse und das Biplot stellen grundlegende Methoden zur Skalierung von Profildaten dar. Die Korrespondenzanalyse, die im Mittelpunkt dieser Arbeit steht, eignet sich am natürlichsten zur Untersuchung von Häufigkeitsdaten. Die klassische multidimensionale Skalierung verarbeitet eine symmetrische Matrix von Ähnlichkeitsdaten, ebenso die nicht-metrische Skalierung. Letztere basiert nur auf der Ordnung von Distanzen in einer Abstandsmatrix und verwendet keine tatsächlichen Abstände. Alle Verfahren resultieren

---

6. Pearson, K. (1901).
7. Für eine Einführung in die verschiedenen Ausprägungen metrischer Skalierungsverfahren siehe z.B. du Toit, S.H.C, Steyn, A.G.W. und Stumpf, R.H. (1986), Kap. 6.

typischerweise in zweidimensionalen "Landkarten" der in einer Menge von Daten enthaltenen dominanten Struktur als graphisches Endergebnis.

Mit den vielfältigen metrischen Skalierungsverfahren ist gleichzeitig ein Höhepunkt in der graphischen Aufbereitung von Datenmaterial erreicht, da sich der Output dieser Methoden ebenso gut zur (dynamischen) Präsentation auf dem Bildschirm wie zur zweidimensionalen Abbildung auf Papier eignet. Charakterisch für den Einsatz dieser Verfahren ist weiterhin, daß mit der Generierung von graphischen Abbildungen verschiedene Absichten simultan verfolgt werden. Moderne graphische Verfahren--zu denen neben den metrischen Skalierungsverfahren auch andere Hilfsmittel zählen--spielen inzwischen eine wichtige Rolle in allen Phasen einer statistischen Untersuchung. Sie dienen systematisch zur Generierung von anfänglichen explorativen Abbildungen sowie zur Erstellung verschiedener Graphiken während einzelner Analysestadien bis hin zur endgültigen Ergebnispräsentation. Dabei kann die Rolle des Computers, der den Einsatz praktisch sämtlicher moderner Graphikmethoden erst ermöglicht, garnicht genug betont werden. Die unterschiedlichen Funktionen, die man heutzutage mit dem Einsatz graphischer Methoden in der Datenanalyse verfolgt, werden im folgenden Abschnitt dieser Arbeit diskutiert.

II.2. Die verschiedenen Funktionen moderner graphischer Datenanalyse

Graphische Abbildungen verschiedenster Art spielen heute eine entscheidende Rolle sowohl in der statistischen *Analyse* von Daten wie in der *Kommunikation* von Analyseergebnissen innerhalb der Wissenschaft, Technik, Wirtschaft, im Bildungswesen und in den Massenmedien. Gegenwärtig ist die Forschung in drei Gebieten der statistischen Graphik besonders rege: einmal in der *Methodenentwicklung*, dann in der Generierung geeigneter *Computeralgorithmen* und schließlich in der *graphischen Perzeptionstheorie*.[1] In Anlehnung an diese Arbeitsteilung werden in diesem Kapitel kurz die verschiedenen Einsatzgebiete moderner statistischer Graphik referiert, und es werden einige verbreitete aktuelle Standardmethoden vorgestellt. Bezüglich der tatsächlichen

---

1. Siehe Cleveland, W.S. (1987) für eine annotierte Auswahlbibliographie zu diesen drei Bereichen.

Programmierung der Verfahren möchte ich mich jedoch an dieser Stelle mit einem Hinweis auf die einschlägige Fachliteratur aus der Informatik begnügen.[2] Gerade der Bereich der dynamischen, interaktiven Computergraphik auf individuellen *workstations* ist gegenwärtig jedoch in rasanter Entwicklung begriffen und wird in der Zukunft faszinierende Hilfsmittel zur Datenanalyse zutage bringen. Der graphischen Perzeptionstheorie zumindest widme ich in II.5. ein eigenes Unterkapitel, in dem relevante Erkenntnisse aus der kognitiven Psychologie zur Wahrnehmung und Verarbeitung graphischer Abbildungen vorgetragen werden.

In der Literatur werden zahlreiche verschiedene Einsatzgebiete moderner statistischer Graphikverfahren genannt.[3] Ich möchte an dieser Stelle eine ganz einfache Einteilung graphischer statistischer Verfahren nach den Funktionsgebieten *Datenabbildung* und *Anpassungsbewertung* vornehmen.

Eine *Datenabbildung* kann explorative Zwecke verfolgen und damit gezielt der Datenanalyse dienen. Tabellierungen selbst kleiner Datensets werden schnell unübersichtlich. Graphische Abbildungen können dann eingesetzt werden, um Datenbesonderheiten zu diagnostizieren und relevante statistische Analysen und Modelle vorzuschlagen. Abbildungen dieser Art benötigen grundsätzlich noch keine Annahmen über Datenverhalten oder den zugrundeliegenden Mechanismus, der die Daten generiert hat.

Um eine zugängliche graphische Abbildung der Daten zu erreichen, muß häufig eine *Datenverdichtung* in Kauf genommen werden. Es gilt dann, zwischen dem Verlust an Informationen und dem Gewinn an Übersichtlichkeit der Darstellung abzuwägen. Histogramme zur Abbildung von Häufigkeiten oder relativen Häufigkeiten vermitteln beispielsweise ein besseres Bild einer Verteilung als eine einfache Auflistung dieser Werte, die individuellen Datenpunkte gehen jedoch bei der Intervallbildung

---

2. Recht verständliche Einführungen in dieses Aufgabengebiet vermitteln Littlefield, R.J. (1984) sowie McDonald, J.A. und Pedesen, J. (1985).
3. J.W. Tukey (1972) nennt drei verschiedene Typen von graphischen Abbildungen in der Statistik: "Propagandagraphiken", analytische Graphiken und Graphiken als Tabellensubstitute. S.E. Fienberg (1979, S. 167) fügt dem Graphiken, die einem Text zu Dekorationszwecken angehängt werden, hinzu. Snee, R.D. und Pfeifer, C.G. (1983, S. 489) unterscheiden in ihrem lesenswerten Beitrag zwischen explorativer, analytischer und kommunikativer statistischer Graphik sowie graphischen Hilfsmitteln.

zwangsläufig verloren. Ähnliches passiert bei der einfachen Anpassung einer Regressionsgeraden in ein Streudiagramm oder einer Kurve in eine Zeitreihenabbildung.

Darüber hinaus bilden graphische Datenabbildungen ein überaus nützliches Instrument zur Kommunikation von Analyseergebnissen, wobei eine Verdichtung der Daten auf das Wesentliche durchaus im Sinne des Autors sein kann. Die graphische Abbildung stellt dann eine kompakte, eingängige Zusammenfassung oder Illustration eines Sachverhaltes dar. Dies ist eindeutig die wichtigste, am weitesten verbreitete Funktion des Einsatzes graphischer Mittel. Eine Reihe innovativer Verfahren zur Abbildung von ein- und mehrdimensionalen Daten werden in Kapitel III dieser Arbeit präsentiert, wobei auch die technischen Grenzen solcher abbildenden Verfahren deutlich werden.

So gut wie alle anderen graphischen Datenaufbereitungsverfahren lassen sich als Methoden zur *Anpassungsbewertung* interpretieren. Graphische Datenaufbereitung wird hier mit verschiedenen Zielen betrieben. Häufige Einsatzgebiete sind die Untersuchung der einem Datenset zugrundeliegenden Verteilung, die Überprüfung eines Modells bzw. dessen Annahmen auf zutreffende Relevanz oder die Anwendung graphischer Verfahren bei der Entscheidungsfindung. Insbesondere bei der Anwendung parametrischer statischer Verfahren ist die Bestimmung der Verteilung der einer Stichprobe zugrundeliegenden Grundgesamtheit von größter Bedeutung. Zu diesem Zweck setzt man verschiedene graphische Hilfsmittel ein. Im folgenden werden hierzu einige Beispiele aufgeführt.

Zahlreiche graphische Anwendungen dieser Art sind Abwandlungen des sogenannten *probability* oder *Q-Q plots* (so auch die bereits erwähnte Lorenzkurve, allerdings behandelt die Lorenzkurve kumulierte Verteilungen).[4] Im einfachen Fall von linearen rechtwinkligen Koordinaten handelt es sich beim Grundmodell des *probability plots* um eine Menge zweidimensionaler Punkte, die jeweils übereinstimmende Quantile von zwei stetigen univariaten Häufigkeitsverteilungen markieren. Typischerweise ist dabei eine Verteilung empirisch und die andere eine postulierte

---

4. Siehe du Toit, S., Steyn, G. und Stumpf, R. (1986), S. 36 ff für eine detaillierte Darstellung über die Anfertigung eines *probability plots*.

theoretische. Der Sinn solcher Abbildungen besteht darin, visuell zu erschließen, ob die beobachteten Daten von der angenommenen theoretischen Verteilung, z.B. der Normalverteilung, herrühren könnten. Ist die empirische Verteilung der theoretischen ähnlich (d.h. wenn die beobachtete Variable als lineare Funktion der anderen beschrieben werden kann), so ist das erwartete Bild in etwa eine gerade Linie. Große Abweichungen von der Linearität sind ein Hinweis auf das Vorhandensein verschiedener Verteilungen und können Aufschluß über die Art der Abweichung bieten.

Die postulierten theoretischen Quantile x_i ergeben sich als Funktionswerte von $F^{-1}(p_i)$, wobei F^{-1} die Inverse von F, der angenommenen stetigen Verteilungsfunktion der betrachteten Zufallsvariablen, darstellt. Da dieser Funktionswert für viele verbreitete Verteilungen in geschlossener Form nicht ausdrückbar ist, ergeben sich Schwierigkeiten bei der Berechnung der x_i. Als Ausweg greift man in einem solchen Fall auf Tafeln oder auf spezielles Wahrscheinlichkeitspapier zurück, auf dem die tatsächlich beobachteten Werte y_i gegen die jeweiligen p_i abgetragen werden. Wahrscheinlichkeitspapier ist ein besonderes Millimeterpapier mit einer F^{-1}-Skala für die p-Achse. Für jede postulierte Verteilung muß natürlich das korrekte Wahrscheinlichkeitspapier gewählt werden.

Können die beobachteten Daten approximativ von der unterstellten Verteilung beschrieben werden, so liegen die Punkte in einem solchen Fall auf einer annähernd geraden Linie, was sich visuell gut beurteilen läßt. Allerdings sind Abbildungen dieser Art besonders empfindlich in Regionen niedriger Dichte einer Verteilung (also meist in ihren Enden), weil in diesen Bereichen die Quantile stark auf eine Veränderung von p reagieren. In den graphischen Abbildungen bedeutet diese Tatsache relativ größere Entfernungen zwischen aufeinander folgenden Quantilen in Regionen niedriger Dichte als in Bereichen hoher Dichte.[5]

Ein anderes Mittel zum Vergleich von Daten mit einem Wahrscheinlichkeits-

---

5. Ein klassischer Text über graphische Abbildungen auf der Basis von kumulierten oder nicht kumulierten empirischen Verteilungsfunktionen ist Wilk, M.B. und Gnanadesikan, R. (1968). Siehe auch Chambers, J.M., Cleveland, W.S., Kleiner, B. und Tukey, P.A. (1983).

modell ist ein sogenanntes ***hängendes Histogramm***, bei dem die Balken von einer angepaßten theoretischen Dichtefunktion herabhängend eingezeichnet werden. Abweichungen von einer Referenzlinie, die durch die relative Häufigkeit von Null geht, können so auf einem Blick festgestellt werden. Hier sind mehrere Abwandlungen für eine effektivere Gestaltung des Diagramms möglich, etwa die Verwendung der Quadratwurzeln der Ordinatenwerte.

Darüber hinaus gibt es zahlreiche ähnliche graphische Verfahren zur Evaluierung von diskreten Verteilungen.[6] Bekannt ist insbesondere das Vorgehen nach Ord (1967) zur Bestimmung der in einer Stichprobe einer diskreten Variablen X vorhandenen Verteilung. Man berechnet hierzu

$$\hat{U}_X = X\hat{p}_X \,/\, \hat{p}_{X-1}$$

für alle beobachteten X und zeichnet die Punkte $(X, \hat{U}_X)$ für alle $n_{X-1} > 5$ in ein kartesisches Koordinatenkreuz ein. Falls die Punkte eine lineare Beziehung $\hat{U}_X = a + bX$ anzeigen, so liegt, je nach Lage der entstehenden Geraden, eine binomiale, negativ binomiale, Poisson oder logarithmische Verteilung der Werte in der Stichprobe vor.

Annahmen irgendwelcher Art begleiten zahlreiche statistische Analysen. Bei der multiplen Regression etwa, die auf der Methode der kleinsten Quadrate aufbaut, nimmt man gewöhnlich an, daß die beim Experiment auftretenden Fehler unabhängig und normalverteilt sind und dabei eine homogene Varianz aufweisen. Standardmäßig erfolgt eine Überprüfung dieser Annahmen, meist unter Zuhilfenahme graphischer Abbildungen sowohl der Rohdaten wie der Risiduen des angepaßten Modells. Die meisten zu diesem Zwecke angewandten Abbildungen sind Anwendungen der oben erwähnten graphischen Darstellungen. Dabei können die Residuen gegen die Zeit oder gegen *rankits* abgebildet werden. Auch die Qualität der Modellanpassung kann durch Abtragung der vorhergesagten Werte oder der Werte einer unterdrückten Variablen gegenüber den Residuen untersucht werden. Eine ausführliche Diskussion der verschiedenen sinnvollen *plots* und ihrer Deutungen zur Untersuchung von ***Modelladäquanz*** und ***Annahmenverifikation***

---

6. Siehe z.B. Parzen, E. (1979) oder Wainer, H. (1974).

findet sich in Snee, R.D. und Pfeifer, C.G. (1983) sowie in du Toit, S., Steyn, G. und Stumpf, R. (1986). Ähnlich sind auch plots zur Autokorrelationsuntersuchung o.ä. von Zeitreihen.

Diagnostische graphische Verfahren lassen sich darüber hinaus insbesondere zur *Entscheidungshilfe* instrumentalisieren. In der Industrie etwa werden häufig zur Qualitätskontrolle laufende graphische Verfahren anstelle der einfachen Berechnung einer Teststatistik eingesetzt. Ein Beispiel sind Kontrolldiagramme, bei denen Meßwerte oder aus ihnen berechnete Maße über den Zeitablauf festgehalten werden, zusammen mit den kritischen Werten der erwarteten Zufallsvariation. Ein Prozeß wird als außer Kontrolle diagnostiziert, wenn ein aufgezeichneter Wert außerhalb der kritischen Grenzen fällt. Ein weiteres Beispiel ist eine graphische Abbildung der von Mallows vorgeschlagenen C_p*-Statistik*, welche Aufschluß über die in eine Regressionsgleichung aufzunehmenden Variablen geben soll. In der Literatur lassen sich zahlreiche andere Anwendungen graphischer Hilfsabbildungen für eine solche Art von praktischer Datenanalyse finden.[7]

Da sich diese Arbeit gezwungenermaßen auf das Problem von Datenabbildungen konzentriert, soll die Diskussion weiterer gezielter graphischer Hilfsmittel für die statistische Datenanalyse an dieser Stelle nicht weiter verfolgt werden. Es bleibt aber festzuhalten, daß die moderne statistische Graphik sich in der Praxis als äußerst effektives und robustes Instrument bei vielen verschiedenen Formen empirischer Forschung bewährt. Zudem ist ihre Anwendung ist meist einfach durchzuführen, und ihre Ergebnisse erscheinen sehr eingängig.

Darüber hinaus läßt sich eine neue grundsätzliche Aufgeschlossenheit gegenüber graphischen Methoden beobachten, die Symptom einer gewandelten Einstellung zur empirischen Forschung ist. Gemeint ist die Emanzipation der "explorativen Datenanalyse" gegenüber der strengen konfirmatorischen Statistik. Auf die Methoden der explorativen Datenanalyse sowie die ihr eigene Arbeits- und Denkweise wird folglich im anschließenden Abschnitt eingegangen.

---

7. Siehe z.B. Daniel, C. und Wood, F.S. (1980) oder King, J.R. (1971).

II.3. Zur Philosophie der explorativen Datenanalyse (EDA)

Die "explorative Datenanalyse" (EDA) stellt eine wesentliche Entwicklung des bedeutenden amerikanischen Statistikers John W. Tukey dar, der auch diesen Begriff prägte. 1977 hat Tukey mit dem Erscheinen seines Buches *Exploratory Data Analysis* zunächst in den USA eine Entwicklung in der statistischen Disziplin ausgelöst, die häufig als "Revolution" beschrieben wird.[1] Die Stoßrichtung dieses "Paradigmenwechsels" ist bereits in Tukey's innovativem Aufsatz "The Future of Data Analysis" aus dem Jahre 1962 erkennbar.[2] Tukey stellt in seinen Schriften als Ziel jeglicher empirischer Forschung die Gewinnung neuer Erkenntnisse über komplexe Probleme dar. Er betont, daß die Aufgabe des empirisch forschenden Wissenschaftlers sehr viel mehr umfassen muß als nur die enge Anwendung formaler statistischer Verfahren und regt einen erweiterten, "explorativen" Denkansatz in der Analyse empirisch erhobener Daten an.[3]

"Explorative Datenanalyse" ist in die im deutschsprachigen Raum geläufige Dichotomie von beschreibender und schließender Statistik nicht richtig einordbar, da die beiden letzteren Konzepte wesentlich enger gefaßt sind. Im traditionellen Verständnis dienen die Methoden der beschreibenden (deskriptiven) Statistik dazu, die in einem Datensatz enthaltene Information verkürzt, summarisch und übersichtlich wiederzugeben, z.B. durch die Berechnung von Kenngrößen oder durch Anpassung einer Regressionsfunktion. In der schließenden (konfirmatorischen) Statistik geht es hingegen darum, die Wirklichkeit durch ein geeignetes Wahrscheinlichkeitsmodell zu beschreiben und die darin vorkommenden unbekannten Parameter auf der Grundlage von repräsentativen Stichproben zu schätzen bzw. entsprechende Hypothesen zu testen.[4] Wesentlich für

---

1. Tukey, J.W. *Exploratory Data Analysis*. Reading, MA: 1977. Allerdings veröffentliche der Verlag Addison-Wesley bereits 1970 eine *"limited preliminary edition"* dieses Werks in drei Bänden.
2. Tukey, J.W. "The Future of Data Analysis," *Annals of Mathematical Statistics* 3, S. 1-67.
3. Auch in diesem Zusammenhang muß festgestellt werden: "The revolution in computing is an essential component for the revolution in data analysis", Fox, J. und Long, J.S. (1990), S. 8.
4. Bock, H.-H. (1984), S. 1/2.

diese Methoden ist die Verwendung des Wahrscheinlichkeitsbegriffs. Tukey macht dem Leser seiner Aufsätze und Bücher bewußt, daß es sinnvolle Methoden zur Analyse von Daten gibt, die ohne den Wahrscheinlichkeitsbegriff auskommen.

Seit etwa 20 Jahren bezieht sich der Ausdruck "EDA" gezielt auf den von Tukey geprägten geistigen Ansatz sowie auf die Anwendung der vornehmlich von ihm entwickelten Techniken zum flexiblen "Abtasten" eines Datensatzes, ehe ein zutreffendes probabilistisches Modell zur Verfügung steht. Dabei versucht die EDA Tukey´scher Prägung, Muster und herausstechende Eigenheiten in den Daten zu isolieren und diese dem Betrachter deutlich zutage treten zu lassen. Tukey richtet in seinem Standardlehrbuch (1977) sein Augenmerk insbesondere auf den ersten Kontakt des Forschers mit den Daten, ehe irgendwelche relevanten strukturellen oder stochastischen Modelle entwickelt worden sind. Er stellt eine Fülle von einfachen Maßnahmen vor, mittels derer quantitative (und meist diskrete) Informationen schematisch zusammengefaßt, transformiert, geglättet sowie--grundsätzlich in Form graphischer Abbildungen--miteinander verglichen werden können, um in den Daten vorhandene Gemeinsamkeiten und Unterschiede herauszufiltern.

Empirisch arbeitende Wissenschaftler haben schon immer das Verhalten der ihnen vorliegenden Daten mittels erster einleitender Tests, Kennzifferberechnungen o.ä. erprobt. Man denke etwa an den altbekannten χ^2-Test auf Unabhängigkeit der Merkmale einer zweidimensionalen Verteilung, die in einer Häufigkeitstabelle erfaßt ist. In diesem Sinne gehört explorative Datenanalyse bereits seit langem zur statistischen Praxis. Darüber hinaus entspricht aber auch die Suche nach unerwarteten Abweichungen eines Datensatzes von einem bereits unterstellten Modell der EDA-Philosophie. Langfristiges Endziel aller Maßnahmen kann die Generierung von Hypothesen zur Erklärung der gefundenen Muster in den Daten sein. Das unmittelbare Analyseziel besteht aber keineswegs automatisch im Verallgemeinern (d.h. im statistischen Schließen von einer Stichprobe auf eine Population).

In einem mit M. B. Wilk gemeinsam verfaßten Aufsatz umschreibt Tukey die EDA mit folgenden Worten:

"The basic intent of data analysis is simply stated: to seek through a body of data for interesting relationships and information and to exhibit the results in such a way as to make them recognizable to the data analyzer and recordable for posterity. Its creative task is to be productively descriptive, with as much attention as possible to previous knowledge, and thus to contribute to the mysterious process called insight."[5]

Die EDA ist folglich durch eine bewußte Modellfreiheit gekennzeichnet, die nur unscharfe Interpretationen ihrer "Ergebnisse" zuläßt. Eine richtige "Theorie der EDA" liegt bis heute nicht vor. Daher wird an dieser Stelle der Versuch gemacht, die Arbeitsweise der EDA durch die Darstellung einiger ihrer Prinzipien genauer zu beschrieben:[6]

1. *Benutzung deskriptiver Methoden:* Häufig handelt es sich dabei um bereits bekannte Verfahren der beschreibenden Statistik, vielfach aber auch um von Tukey entwickelte innovative Techniken zur verkürzten Wiedergabe von Datenreihen. Es werden dabei keine Wahrscheinlichkeitsmodelle zugrunde gelegt und folglich auch keine Kontrollen anhand von Fehlerwahrscheinlichkeiten durchgeführt. Schlüsse auf eine möglicherweise vorhandene Grundgesamtheit finden nicht statt.

2. *Verwendung graphischer Darstellungen:* Bock spricht in diesem Kontext von der "Erstellung suggestiver Diagramme", aus denen der Zusammenhang zwischen Merkmalen oder die Ähnlichkeit von Objekten ersichtlich werden soll. Der visuelle Eindruck einer räumlichen Darstellung und die damit verbundenen Assoziationen lassen Eigenarten und Auffälligkeiten des Datenmaterials hervortreten und sollen somit die Generierung neuer Hypothesen fördern.

3. *Variable Sicht- und Darstellungsweisen:* Unter dem Stichwort *resistant analysis* sollen unterschiedliche Darstellungen bzw. Modelle an den vorhandenen Daten ausprobiert und deren Ergebnisse auf Interpre-

---

5. Tukey, J.W. und Wilk, M.B. (1970), S. 370.
6. Siehe insbes. Bock, H.-H. (1984), S. 3/4; darüber hinaus folgende Aufsätze zur Methode der EDA: Biehler, R. (1982); Fox, J. und Long, J.S. (1990); Good, I.J (1983); Gower, J.C. (1988); Hoaglin, D.C. (1983) sowie die zahlreichen Veröffentlichungen von J.W. Tukey, darunter insbes. (1980).

tierbarkeit geprüft werden. Zu diesem Zweck werden die Daten häufig auf vielfältige Weise transformiert und kombiniert, was sich insbesondere am Computer mit interaktiver Statistiksoftware gut durchführen läßt.

4. *Suche nach Ausreißern und anderen Auffälligkeiten:* *Resistant analysis* neigt bereits dazu, eine klare Trennung zwischen dominanten und ungewöhnlichem Datenverhalten aufzuzeigen. Dieses Prinzip bedeutet aber auch, daß Residuen bei einer Modellanpassung wie neues Datenmaterial behandelt werden. Die Untersuchung dieser und anderer auffälliger Details kann wichtige Hinweise auf Erhebungsfehler, unberücksichtigte Merkmale oder die generelle Anpassungsqualität eines verwendeten Modells liefern. Die Grenzen zur explorativen Verwendung konfirmatorischer Verfahren sind dabei fließend.

5. *Benutzung offener Konzepte und vager Begriffe:* In vielen Darstellungen wird die EDA als betont *flexibler* Ansatz der Dateninterpretation dargestellt, in deren Prozess die Analyse sich ständig neu entdeckten Strukturen in den Daten anpassen soll. Z.B. können aufgrund des visuellen Eindrucks einer Graphik grobe Konzepte geformt werden, die dann später durch gezielte Analysen oder zusätzliche Untersuchungen präzisiert werden.

Im Gegensatz zu diesen Prinzipien konzentriert sich die konfirmatorische Statistik (*confirmatory data analysis*, CDA) darauf, die Reproduzierbarkeit der von der EDA zutage gebrachten Muster zu *bewerten*. Sie verwendet dabei Signifikanz- und Konfidenzaussagen aus dem Bereich der traditionellen Inferenzstatistik. CDA kann somit in einem gewissen Sinne als *eine der EDA zeitlich folgende Phase* der Datenanalyse gesehen werden. Wie Tukey häufig betont, "to implement the confirmatory paradigm properly one needs to do a lot of exploratory work".[7]

In der Tat ist es so, daß die dem empirisch arbeitenden (Sozial-)Forscher gegenüberstehenden typischen Problemstellungen den Annahmen der klassischen statistischen Modelle oft (noch) *nicht* genügen. Meist gilt für die in der empirischen Wirtschafts- und Sozialforschung

---

7. Tukey, J.W. (1980), S. 23.

interessierenden Daten, daß sie *kategorisch* und *multivariat* sind. Sie lassen sich in den wenigsten Fällen im Rahmen von geregelten Laborexperimenten gewinnen. Die Repräsentativität der betrachteten Stichprobe ist selten gesichert. Selbst wenn es möglich ist, die betrachteten Variablen in metrischen Einheiten, beispielsweise Geld- oder Zeiteinheiten zu messen, so stellt man häufig fest, daß sie sehr schief verteilt und folglich für die Anwendung der meisten auf die Normalverteilungstheorie aufbauenden statistischen Standardverfahren ungeeignet sind. Die traditionelle multivariate Statistik basiert stark auf Inferenz auf der Grundlage der multivariaten Normalverteilung und hat daher für viele Fragestellungen der empirischen Wirtschafts- und Sozialforschung nicht das geeignete Werkzeug zu bieten.

Häufig, z.B. während einer betont explorativen einleitenden Analysephase, möchte man noch keine Verteilungsannahmen bezüglich der betrachteten Daten stellen, und formelle Schlüsse auf eine Grundgesamtheit werden noch nicht angestrebt. Die EDA hat keinerlei Berührungsangst vor Beobachtungsdaten, die eher informell als auf der Basis eines sorgfältig konstruierten formellen Experiments gesammelt wurden. Tukey argumentiert in seinen theoretischen Abhandlungen sogar, daß die EDA in dieser Form ein notwendiger Schritt bei der Lösung vieler Erkenntnisprobleme sei, und betont die zentrale Rolle, die graphische Verfahren dabei spielen.[8] Auf ähnliche Weise sieht I.J. Good die EDA als "an extension of descriptive and graphical statistics".[9]

In der empirischen Wirtschafts- und Sozialforschung orientiert man sich schon lange auch an Analyseverfahren, die in dem Sinne als explorativ zu begreifen sind, als daß sie minimale Verteilungsanforderungen stellen und sowohl kategorische wie metrische Daten verarbeiten können. In der organisierten statistischen Disziplin widmen sich insbesondere die Klassifikationsgesellschaften den Methoden der EDA. Ein bevorzugtes Anwendungsfeld explorativer Datenanalyse ist die graphische Analyse multivariater Daten, die in einer m mal n Datenmatrix $\mathbf{X}$ zusammenfaßbar

---

8. Siehe in diesem Zusammenhang auch die Ausführungen von John Fox und J. Scott Long auf Seite 7/8 in ihrer "Introduction" zu dem von ihnen herausgegebenen Band *Modern Methods of Data Analysis* (1990).
9. Good, I.J. (1983), S. 283.

sind.[10] Die Zeilen von **X** repräsentieren *m* verschiedene Objekte, während die Spalten sich auf *n* Variablen beziehen. Häufig steht dabei der Wunsch nach einer ersten systematischen Klassifizierung der Untersuchungseinheiten (oder Variablen) in "ähnliche" Gruppen im Vordergrund. Die Untersuchung der Daten nach einer solchen Struktur homogener oder "natürlicher" Gruppierungen ist eine wichtige explorative Technik auf dem Weg zur Erkenntnisgewinnung. Die gefundenen Gruppierungen stellen ein informelles Mittel zur Erfassung von Dimensionalitäten, zur Identifikation von Ausreißern und zur Generierung interessanter Hypothesen bezüglich vorhandener Beziehungen dar.

Zum Auffinden solcher Gruppierungen von betrachteten *Objekten* werden in der Praxis häufig *Clusterverfahren* eingesetzt. Die Clusteranalyse (CLA) ist in dem Sinne eine "primitive" Methode der Datenanalyse, daß sie keinerlei Annahmen bezüglich Anzahl oder Struktur der Gruppierungen stellt. Beim Grundverfahren einer deterministischen, hierarchischen CLA werden die Objekte bzw. Beobachtungsvektoren im allgemeinen auf der Basis ihrer jeweiligen Distanzen zusammengruppiert. Jedes Objekt bildet am Anfang ein eigenes Cluster, und anschließend werden die Objekte schrittweise gemäß bestimmter Abstandskriterien zusammengefaßt. Am Ende steht eine erschöpfende *nested* Aufteilung, deren spezifische Struktur eine Folge des jeweils verwendeten Clusteralgorithmus ist. Diese "Ergebnisse" lassen sich graphisch in Form von Dendrogrammen darstellen (siehe Abb. II.2). Die CLA läßt sich insbesondere explorativ einsetzen, wenn verschiedene Clusteralgorithmen ausprobiert und die resultierenden Einteilungen miteinander verglichen werden.[11]

---

10. Bock, H.-H. (1984), S. 2; Boudon, R. (1986), S. 212.
11. Eine sehr lesbare Monographie zur Einführung in die CLA ist Aldenderfer, M.S. und Blashfield, R.K. (1984).

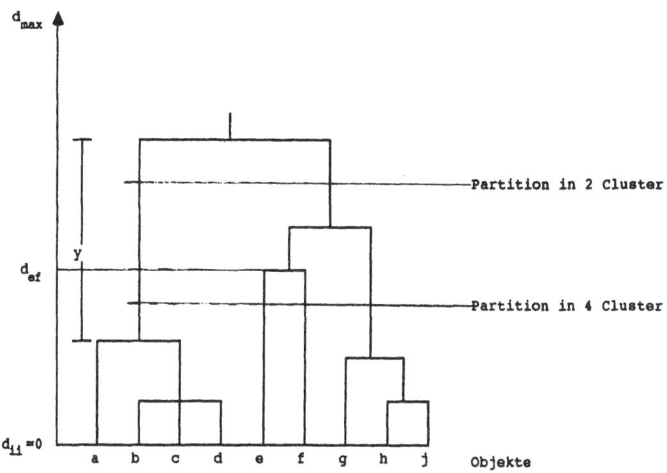

y = Unterschied zwischen $d_{g\{hj\}}$ und $d_{\{ef\}\{ghj\}}$

Abb. II.2: Schematisches Dendrogramm einer vollzogenen Clusterbildung. Die Länge der "Äste" zeigt den Homogenitätsunterschied zwischen verschiedenen Clusterstufen auf. Zwar ist das graphische Ergebnis einer CLA eine zweidimensionale Abbildung, man beachte aber, daß solche Diagramme einer vollzogenen Clusterbildung tatsächlich eine Einteilung der *I* Objekte entlang einer einzigen Dimension gemäß ihren jeweiligen Distanzen darstellt.

Clusteranalysen sollten nicht mit den ausgereifteren Klassifikationsmethoden wie der ***Diskriminanzanalyse*** verwechselt werden, obwohl auch diese als explorativ interpretiert werden kann. Das Anliegen der Diskriminanzanalyse (DA) ist das Auffinden von deutlichen Klassen von Objekten (oder Variablen) sowie die Zuordnung von neuen Objekten (Variablen) in jeweils bereits definierte Klassen. Als Klassifikationsverfahren findet die DA häufig einmaligen Einsatz zur Untersuchung von beobachteten Unterschieden, solange kausale Beziehungen in den Daten noch nicht ausreichend klar sind. Die DA versucht zunächst, die Unterscheidungsmerkmale von Objekten (Variablen) aus verschiedenen bekannten Grundgesamtheiten bzw. Populationen graphisch oder algebraisch zu beschreiben. Darüber hinaus wird der Versuch einer Einteilung der betrachteten Objekte in zwei oder mehrere Klassen unternommen. Die Betonung liegt dabei auf der Entwicklung einer Regel, die zu einer optimalen Einteilung weiterer Objekte in die bereits bekannten Klassen eingesetzt werden kann. Zu diesem Zwecke werden Wahrscheinlichkeitsdichtefunktionen für die jeweils klassenspezifischen Variablenausprägungen formuliert.[12]

Um Cluster- oder Diskriminanzanalysen vornehmen zu können, muß man über ein gewisses Vorverständnis über die vorliegende Datenstichprobe verfügen. Bei der DA etwa muß man *wissen*, daß manche Beobachtungen des zu untersuchenden Datensets einer klar definierten Klasse entspringen, auch wenn dies bei den übrigen Beobachtungen noch unklar ist. Bei der Clusteranalyse andererseits fällt die Entscheidung für die Anwendung eines bestimmten Clusteralgorithmus meist vor dem Hintergrund einer recht präzisen Vorstellung einer vorhandenen natürlichen Gruppierung innerhalb der Daten.

Aber auch ohne solche konkreten Vermutungen über die Struktur der vorliegenden Daten ist ein Betrachter meistens in der Lage, nahe beieinander liegende Objekte in einem zwei- oder dreidimensionalen *scatter plot* mit dem Auge zu Gruppen zusammenzufassen. Zur Ausnutzung dieser Fähigkeit des menschlichen Gehirns, ähnliche Objekte zusammen zu gruppieren, sind in den letzten zwanzig Jahren mehrere graphische Verfahren zur zweidimensionalen Abbildung von eigentlich hoch-dimensionalen Beobachtungen entwickelt worden. Die zu diesem Zwecke eingesetzten teils rudimentären, teils anspruchsvollen explorativen metrischen Skalierungsverfahren können sehr hilfreich sein, wenn es darum geht, die komplexe Natur multivariater Beziehungen zu durchschauen. Sie verfolgen die typisch Tukey'schen Ziele einer Datenzusammenfassung, -transformation, -glättung und graphischen Abbildung zur visuellen

---

12. Eine gute Quelle für eine allgemeine Einführung in die angewandte DA stellt immer noch Lachenbruch, P.A. (1975) dar. Dieses Buch konzentriert sich auf die Betrachtung der DA unter der Normalverteilungsannahme, problematisiert die Robustheit der linearen Diskriminanzfunktion und streift Fragestellungen, die sich bei Nichtnormalität oder multiplen Gruppen ergeben.

Vergleichbarkeit.

Bei diesen metrischen Skalierungsverfahren werden mehrdimensionale Beobachtungen als Punkte im hochdimensionalen Raum aufgefaßt. Anschließend wird angestrebt, die Beobachtungspunkte so in ein zweidimensionales Diagramm unterzubringen, daß ähnliche Beobachtungen nahe beieinander, unterschiedliche jedoch weit voneinander entfernt liegen. Die Korrespondenzanalyse als neue Entwicklung unter den Skalierungsverfahren verwendet zur Berechnung von Distanzen wird dabei eine auf dem Pearson'schen χ^2-Maß beruhende Abstandsfunktion. Sie bietet sich insbesondere als Analyseinstrument an, wenn die zu betrachtenden Daten in Form einer Kontingenztabelle zusammengefaßt sind.

Die Korrespondenzanalyse hat sich in ihrer heute praktizierten Form aus Frankreich verbreitet, vor allem nach Südafrika und in die USA, und hat dann über die englischsprachige Literatur ihren Weg nach Deutschland gefunden. Sie bildet das zentrale Element des französischen *Analyse des Données-Paradigmas*, auf das im folgenden Abschnitt eingegangen wird.

II.4. Zur Geschichte und Philosophie der Korrespondenzanalyse

Die frühesten Veröffentlichungen über die Methode, die heute unter dem Namen *Korrespondenzanalyse* (KA) allgemein bekannt wird, stammen aus den USA sowie Großbritannien. Beim Literaturstudium wird deutlich, daß das Verfahren der KA mehrmals von verschiedenen Autoren unabhängig voneinander ausgearbeitet worden ist. 1935 erwähnt P. Horst in einem Artikel im *Journal of Social Psychology* ein von M. W. Richardson unter dem Namen "method of reciprocal averages" für die Firma Procter & Gamble entwickeltes Verfahren der Marktsegmentierung.[1] Auch wenn sich dieser Aufsatz auf eine rein verbale Beschreibung beschränkt, so ist der von der KA praktizierte Ansatz bereits deutlich nachzuvollziehen. Im selben Jahr veröffentlicht H. O. Hirschfeld (der später den Namen H. O. Hartley

1. Horst, P. (1935), S. 369-74. Der Hinweis auf den frühen Einsatz der Methode in der Marktforschung stammt von Tenenhaus, M. und Young, F.W. (1985), S. 92.

annahm) die erste vollständige formale Darstellung der Methode.[2] Sehr bekannt wurde die Ausarbeitung von R. A. Fisher (1940), der anhand der KA (aber vor der Entwicklung des Computers!) eine Kontingenztabelle der Verteilung von Haar- und Augenfarben innerhalb einer Gruppe von 5387 schottischen Schulkindern untersuchte.[3] Unabhängig von Fisher wendet L. Guttman 1941 den Algorithmus der KA beispielhaft auf einen Satz multivariater kategorischer Daten an und beschreibt die Konstruktion einer Meßskala zur Quantifizierung einer Gruppe von qualitativen Attributen als Anliegen des Verfahrens.[4] Guttmans Ansatz ist später als *multiple Korrespondenzanalyse* (MKA) ausgebaut worden.

Insbesondere unter den Bezeichnungen *dual scaling, optimal scaling, method of reciprocal averages* und *Guttman weighting* (aber auch unter anderen Namen) ist das grundlegende Verfahren der KA in der Literatur beschrieben und kommentiert worden.[5] Sehr häufig wurde dabei die Methode nicht geometrisch, sondern als ein *Skalierungsverfahren* interpretiert, das den verschiedenen Kategorien einer qualitativen Variablen numerische Werte zuordnet, die zu einer "optimalen" Diskriminierung zwischen den untersuchten Objekten führen. Erst ihre Implementierung auf dem Computer als Verfahren zur Datenvisualisierung Jahrzehnte später ermöglichte der KA den tatsächlichen Durchbruch unter sowohl theoretisch ausgerichteten wie auch angewandten Forschern.

Ihre heutige Verbreitung in der nun orthodoxen Form verdankt die KA insbesondere französischen Datenanalytikern.[6] Entwickelt und philosophisch sorgfältig begründet wurde die Methode unter dem Namen *analyse factorielle des correspondances* vor allem von quantitativ arbeitenden Linguisten in den frühen 60er Jahren in Frankreich aus dem Umfeld des an der Université Paris VI arbeitenden Soziologen Jean-Paul Benzécri. Benzécri konzentrierte seine Überlegungen vor allem auf die Analyse von Kontingenztafeln, die in einem Text vorhandene Kombinationen

---

2. Hirschfeld, H.O. (1935), S. 520-24.
3. Fisher, R.A. (1940), S. 422-29.
4. Guttman, L. (1941), S. 319-48.
5. Nishisato, S. (1980), S. 11. Nishisato führt den Nachweis, daß diese Verfahren alle dasselbe mathematische Gerüst aufweisen.
6. Zur historischen Entwicklung der KA in Frankreich siehe Cibois, P. (1987), S. 335-37; Greenacre, M.J. (1984b), S. 7-11; Rouanet, H. (1988), S. 1-13.

etwa von Konsonanten und Vokalen oder von verschiedenen Worten einer Sprache beschreiben. Sein Team von Wissenschaftlern wandte sich mit diesem Ansatz zur Untersuchung von Sprache gegen den vom Amerikaner Noam Chomsky in der Linguistik etablierten Deduktionismus und erarbeitete sich somit stattdessen ein induktives Verfahren der Sprachanalyse. Als *induktiv* ist die KA französischer Prägung daher zu sehen, weil sie sich auf einen gegeben Datenset und dessen Beschreibung konzentriert, losgelöst von jeglicher Idee eines auf die Daten passenden Modells.

Benzécri faßt seine ausgeprägt antiprobabilitstischen Vorstellungen darüber, was Statistik sein sollte (und was nicht), folgendermaßen zusammen:

> "Avec l'analyse des données fondée sur l'usage de l'ordinateur, c'est une nouvelle méthodologie que la statistique apporte à la science et notament aux sciences de l'homme. On en propose ici des principes: *1er Principe.* Statistique n'est pas probabilité. Sous le nom de statistique mathematique, des auteurs… ont édifié une pompeuse discipline, riche en hypothèss qui ne sont jamais satisfaite dans la pratique. Ce n'est pas de ces qu'il faut attendre la solution de nos problèmes typologiques."[7]

M. J. Greenacre (1984b, S. 9) klärt in diesem Zusammenhang seine (englischsprachigen) Leser über die französische Bedeutung des Wortes *correspondance*, die in Übersetzungen verloren geht, auf: In diesem Zusammenhang meint der französische Ausdruck "correspondance" das *System von Beziehungen* zwischen den Elementen verschiedener Gruppen. Die zwischen zwei qualitativen Variablen bestehende "correspondance" wird z.B. von einer zweidimensionalen Häufigkeitstabelle erfaßt. "Correspondance" hat damit eine umfassendere Bedeutung als im deutschen Wort "Korrespondenz" im Sinne von "Übereinstimmung" zum Ausdruck kommt. Es geht den französischen Statistikern sodann darum, die in den Daten vorliegende "correspondance" zu beschreiben und analysieren.[8] Die angestrebte Beschreibung der Datenbeziehung ist *geometrischer* Natur: Die Daten werden als Punktwolke im multidimensionalen Raum aufgefaßt.

---

7. Benzécri, J.-P. (1980), tome 2, S. 3.
8. In einem kurzen Aufsatz gibt Benzécri, J.-P. (1969) in englischer Sprache seine Gedanken wieder. Mallows, C.L. und Tukey, J.W. (1982) setzen sich ebenfalls mit Benzécris Philosophie auseinander.

Die KA gewann rasch Akzeptanz unter französischen Sozialwissenschaftlern und entwickelte sich in Frankreich zu *der* Standardmethode zur Analyse multivariater Daten, insbesondere zur Untersuchung von sozialwissenschaftli- chen Umfrageergebnissen. Darüber hinaus etablierte sich die französische KA in anderen verwandten Disziplinen wie der Medizin, der Marktforschung und der Archäologie--in Bereichen also, in denen es vor allem galt, *strukturelle* Unterschiede innerhalb einer in einer Häufigkeitstabelle gesammelten Datenmenge zu erkennen und beschreiben. Einen Überblick über das weite Einsatzgebiet der KA bereits zu diesem frühen Zeitpunkt vermitteln die beiden Bände Benzécris aus dem Jahre 1973, die auch einen unverblümten Eindruck der in Frankreich üblichen mathematisch rigorosen Darstellungsform ermöglichen.[9]

Pierre Bourdieu vom Centre de Sociologie Européenne in Paris etablierte mit seinen bestsellermäßig veröffentlichten soziologischen Untersuchungen z.B. über die Pariser Gesellschaft oder das wissenschaftliche Establishment Frankreichs die KA mit ihren spezifischen Diagrammen als Dokumentationsvehikel für empirische sozialwissenschaftliche Ergebnisse auch in der breiten französischen Öffentlichkeit.[10] So finden sich heute in französischen Tageszeitungen und Wochenzeitschriften regelmäßig KA-Schaubilder zur Veranschaulichung von soziologischen, volkswirtschaftlichen oder anderen Beiträgen für das allgemeine Lesepublikum.

Lange Jahre arbeiteten die induktiv vorgehenden Empiriker Frankreichs und die deduktiv ausgerichteten Statistiker des englisch- bzw. deutschsprachigen Raums methodisch sozusagen völlig aneinander vorbei. Während der Jahre 1970 bis 1983 scheinen sie wenig Notiz von ihren gegenseitigen Forschungen genommen zu haben (zumindest bringt eine recht sorgfältige Literaturdurchsicht dieser Jahre praktisch kaum

---

9. Benzécri, J.-P. (1973). *Analyse des Données*, Tome 1: *La Taxinomie* und Tome 2: *L'Analyse des Correspondances*. Paris: Dunod. Inzwischen liegt eine dritte, erweiterte Auflage (1980) vor.
10. Bourdieu, P. (1979) und (1984). Diese Werke sind auch auf Deutsch jeweils inzwischen in der Reihe Suhrkamp Taschenbuch Wissenschaft erschienen: Bourdieu (1987) und (1988).

Gemeinsamkeiten zutage).[11] In dieser Zeit entstanden in Frankreich mehrere ausführliche Abhandlungen der Methode der KA bzw. Dokumentationen über ihren Einsatz, die später teilweise ins Englische, dann auch ins Deutsche übersetzt worden sind.[12] Das "Monopol" der KA im methodischen Werkzeugkasten der empirischen Sozialforschung in Frankreich wurde erst durch die Einführung der großen statistischen Softwarepakete (SPSS, SAS, BNDP etc.) aus den USA zu Beginn der 80er Jahre erschüttert.

Gleichzeitig setzte auch die Diffusion der KA in die angelsächsische Statistik ein, beschleunigt insbesondere durch die Erscheinung des Standardwerks von Michael J. Greenacre, *Theory and Applications of Correspondence Analysis*, im Jahre 1984 (1984b). Greenacre, ein gebürtiger Südafrikaner, der bei Benzécri in Paris promovierte, hat in den vergangenen zehn Jahren zahlreiche englischsprachige Aufsätze zur KA veröffentlicht und wesentlich zur Verbreitung der Methode außerhalb Frankreichs beigetragen.[13] Zudem ist er Verfasser des bei KA-Anwendern populären SimCA-Programms, einer von ihm selbst herausgegebenen Software für IBM-kompatible PC´s zur Durchführung von Korrespondenzanalysen an kleineren bis mittelgroßen Datentableaus (maximal 250 Zeilen und 60 Spalten).[14]

Gehen wir von qualitativen Variablen aus, so lassen sich in einer zweidimensionalen Häufigkeitstabelle bivariate Verteilungen darstellen. Die Analyse eines solchen Datentableaus erfolgt unter dem Namen *einfache Korrespondenzanalyse* (*simple correspondence analysis*, KA) und stellt das Grundverfahren zur erweiterten Untersuchung der Zusammenhänge zwischen

---

11. Ausnahmen sind die Beiträge von Hill, M.O. (1974, 1977, 1982) sowie von Greenacre, M.J. (1978), Greenacre, M.J. und Degos, L. (1977) und Greenacre, M.J. und Underhill, L.G. (1982). Während in den Texten von Greenacre et al. durchgehend ein geometrischer Zugang zur KA demonstriert wird, interpretiert Hill die Methode als *Skalierungsverfahren* für einen Set von Objekten auf der Basis ihrer vorhandenen Eigenschaften.
12. Bekanntes Beispiel ist Lebart, L., Morineau, A. und Tabard, N. (1977), erschienen als Lebart, L., Morineau, A. und Warwick, K. (1984) auf Englisch. Interessanterweise erschien ebenfalls 1984 von L. Lebart, A. Morineau und J.P. Fénelon ein Buch zur statistischen Datenanalyse mittels der KA im Akademie Verlag der damaligen DDR. 1992 erschien in deutscher Übersetzung Jambu, M. (1989).
13. Greenacre, M.J. (1981, 1984a, 1987, 1988a, 1989).
14. Greenacre, M.J. (1988b). Auch die Beispiele in Kap. V dieser Arbeit sind mit SimCA berechnet worden.

mehr als zwei kategorischen Variablen dar. Für diesen multivariaten Fall läßt sich die einfache KA zur sogenannten *multiplen Korrespondenzanalyse* (*multiple correspondence analysis*, MKA) nach verschiedenen Ansätzen verallgemeinern. Ein gängiger Weg besteht in der Analyse von aus den Daten generierten *Indikatormatrizen*, deren Zeilen sich auf jeweils eine Untersuchungseinheit (z.B. ein befragtes Individuum) beziehen; für jede einzelne Kategorie der betrachteten Variablen gäbe es dann eine eigene Spalte. Die Zellenbesetzungen spiegeln die Klassifizierung der Objekte in die jeweils zutreffende Variablenkategorien mit der Eintragung 1 wider, ansonsten sind die Zellen mit Nullen belegt (pro Zeile ergeben sich in Abhängigkeit der Gesamtzahl aller Kategorien folglich wesentlich mehr Nullen als Einsen). In Kapitel VI wird noch genauer auf die Ausweitung der KA zur MKA eingegangen.

Die meisten ausführlichen Monographien zur KA widmen der MKA zumindest ein eigenes Kapitel.[15] Seit neuerem konzentrieren insbesondere die Wissenschaftler um Peter van der Heijden am Department of Data Theory der Universität Leiden ihre theoretischen Entwicklungen auf die MKA, die von ihnen *homogeneity analysis* genannt wird.[16] Auf der Ebene der MKA lassen sich mit aufwendiger Mathematik theoretische Verbindungen zu anderen multivariaten Datenanalyseverfahren herleiten. So zeigen M. Tenenhaus und F. W. Young (1985) in einer detaillierten Ableitung, daß die Mathematik der MKA der der Varianzanalyse, der Hauptkomponentenanalyse und der kanonischen Korrelationsanalyse äquivalent ist.

Die ersten deutschsprachigen Veröffentlichungen zur KA sind bereits auch erschienen und erörtern insbesondere Einsatzmöglichkeiten des Verfahrens in der Marktforschung.[17] Tagungen und *Workshops* zur KA tragen inzwischen zur raschen Verbreitung der Methode unter empirisch arbeitenden

---

15. Siehe z.B. Greenacre, M.J. (1984b), Kap. 5; Lebart, L., Morineau, A. und Tabard, N. (1977), Kap. 4; Weller, S.S. und Romney, A.K. (1990), Kap. 8.
16. Siehe z.B. van der Heijden, P.G.M. und Meijerink, F. (1989).
17. Vgl. Backhaus, K. und Meyer, M. (1988); Fricke, D. (1990); Scharf, A. (1991).

Wirtschafts- und Sozialforschern in Deutschland bei.[18]

Seit 1988 haben zudem die Anbieter der großen statistischen Standardsoftware (SPSS, SAS, BMDP, IMSL und P-STAT) Module zur Berechnung von sowohl einfachen wie auch multiplen Korrespondenzanalysen in ihre Programmpakete aufgenommen und ihre Anwendung in den jeweiligen Dokumentationen ausführlich beschrieben.[19] Diese Integration der KA in den etablierten statistischen multivariaten Methodenkanon erleichtert angewandten Forschern den Zugang zu diesem Verfahren erheblich und wird der zunehmenden Popularisierung der KA sicher sehr zuträglich sein.

---

18. So veranstaltete vom 21.-24. Mai 1991 das Zentralarchiv für empirische Sozialforschung der Universität zu Köln eine *Conference on Correspondence Analysis*. Vom 27.-30. April 1993 bietet das ZUMA einen Workshop "Einführung in die Korrespondenzanalyse" in Mannheim an.

19. SPSS bietet seit 1990 unter dem Namen "Categories" eine Erweiterung der SPSS und SPSS/PC+ Systeme an (Version PC+ V.3.1, SPSS-X Rel. 4). "Categories" besteht aus einem umfangreichen Satz von *procedures* zur Durchführung von Conjoint- und Korrespondenzanalysen und stellt eine umfassende, gut dokumentierte Software für die KA dar. SAS bietet seit 1989 im bekannten SAS/STAT-Paket ein CORRESP *procedure* für einfache KA´s sowie eine an einer Burtmatrix durchzuführende MKA-Option an (Version 6.03 von SAS/STAT bzw. Version 6 von SAS/SYSTEM). BMDP hat seit 1988 jeweils ein Modul zur Berechnung von sowohl einfachen wie multiplen KA´s im Softwarepaket integriert.

II.5. Graphische Perzeptionstheorie

Eine KA wird meist mit dem zentralen Interesse durchgeführt, eine zweidimensionale graphische Abbildung zu erhalten, die dem Betrachter die in einer Tabelle enthaltene *Datenstruktur* auf visuellem Wege verdeutlicht. Die Leistungsfähigkeit der KA und anderer Verfahren der statistischen Graphik erwächst dabei durch ihre überragende Fähigkeit, Vergleiche zwischen verschiedenen Quantitäten erheblich zu vereinfachen.

Eine richtige "Theorie der graphischen Datenpräsentation" gibt es nicht, höchstens einen Konsens über Normen, z.B. über die Achsenbezeichnungen bei der Konstruktion von Zeitreihenbildern.[1] Als Begründung für den zunehmenden Einsatz graphischer Mittel in der Datenanalyse wird angeführt, daß graphische Darstellungen, die auf visuellem Wege aufgenommen werden, die menschliche Informationsaufnahme und -verarbeitung gegenüber tabellierten Zahlenwerten stark erleichtern. Die Übersetzung von quantitativen Informationen in bildhafte Form zieht ihren großen Nutzen aus der im Menschen hochentwickelten Fähigkeit, optische Muster zu erkennen, einzuordnen und zu klassifizieren. I. Spence und S. Lewandowsky haben es auf den Punkt gebracht: "Graphs are effective precisely because they exploit the natural *perceptual*, *cognitive*, and *memorial* capacities of human beings".[2]

Im folgenden trage ich einige relevante Ergebnisse aus der psychologischen Fachliteratur zu diesen drei von Spence und Lewandowsky genannten Aspekten der menschlichen Informationsaufnahme und -verarbeitung zusammen und zitiere auch einige aktuelle empirische Studien über die Effektivität von verschiedenen graphischen Datenabbildungen.

Eine graphische Abbildung entsteht, indem quantitative und qualitative Informationen mittels verschiedener Elemente des Diagramms

---

1. Fienberg, S.E. (1979), S. 166.
2. Spence, I. und Lewandowsky, S. (1990), S. 13.

(Zeichenplazierungen, Längen und Winkel von Geradensegmenten, Flächengrößen, Formen und Farben usw.) *kodiert* werden. Diese Informationen werden vom Betrachter *visuell dekodiert*. Der Dekodierungsprozeß, genannt graphische Perzeption, hat entscheidenden Einfluß auf die Effizienz der Informationsvermittlung einer graphischen Abbildung.

In der Psychologie wird die menschliche visuelle Informationsverarbeitung als dreiphasiger Prozeß aufgefaßt, der nach dem folgenden Schema abläuft:

optisches Bild -> Kurzzeitgedächtnis <-> Langzeitgedächtnis.[3]

In jeder der drei Phasen können Schwierigkeiten bei der Informationsverarbeitung auftreten, falls die Kapazitätsgrenzen des menschlichen perzeptiven Systems nicht gebührend berücksichtigt werden. Die erste Phase besteht in der Umwandlung von Lichtreizen in neurale Impulse, die in verschiedene Wahrnehmungseinheiten gruppiert werden.[4] Diese Wahrnehmungseinheiten werden im Kurzzeitgedächtnis gehalten, wo die Informationen reorganisiert und auf verschiedene Weisen interpretiert werden können. Das Kurzzeitgedächtnis, die zweite Phase, hat dabei eine notorisch beschränkte Kapazität und kann nur ca. vier bis sieben Informationseinheiten gleichzeitig verwalten. Schließlich muß in der dritten Phase der graphische Input mit den bereits im Langzeitgedächtnis gespeicherten relevanten Informationen zusammengebracht werden. Vor allem ist hier Erfahrungswissen enthalten, wie aus einer Graphik Informationen zu extrahieren sind.

In den 20er Jahren haben die deutschen Experimentalpsychologen der Gestaltschule zahlreiche "Gesetze" entdeckt, nach denen im menschlichen Gehirn optische (und andere) Reize in sinnvolle Formen überführt werden. Besonders relevant für die aus der KA entstehenden Diagramme ist ihre Erkenntnis, daß das Auge nach Gruppen von nahe beieinander liegenden

---

3. Siehe Kosslyn, S.M. (1984), S. 501
4. Siehe Marr, D. (1982) für eine detaillierte Beschreibung.

Punkten sucht und diese automatisch als Einheit begreift.[5] William S. Cleveland und Robert McGill haben mehrere theoretische und experimentelle Arbeiten zur graphischen Perzeption und zur Entwicklung von graphischen Methoden veröffentlicht (1984a, 1984b, 1985, 1987). Sie identifizieren sogenannte *"elementary graphical-perception tasks"* (*GET´s*), d.h. Basisaufgaben graphischer Wahrnehmung, die bei der visuellen Dekodierung quantitativer Informationen aus graphischen Abbildungen angewendet werden müssen (Phase 1). Der Betrachter vollzieht eine oder mehrere dieser mentalen-visuellen Aktionen, um die Werte der von einer Abbildung repräsentierten Variablen erfassen zu können. Die wichtigsten GET´s sind nach Cleveland und McGill die Einschätzung von: Positionen entlang einer allgemeinen Skala, Positionen auf nicht gemeinsam ausgerichteten Skalen, Länge, Richtung, Winkel, Fläche, Volumen, Krümmung, Farbton, Farbdichte.

Aufgrund theoretischer und experimenteller Überlegungen ordnen Cleveland und McGill die GET´s nach der Genauigkeit der Diagramminterpretation gemäß den Ergebnissen aus Experimenten mit verschiedenen Gruppen von Versuchspersonen. Sie empfehlen anschließend, Daten so zu kodieren, daß der resultierende Dekodierungsprozeß auf GET´s zurückgreift, die möglichst oben in der Genauigkeitsordnung rangieren; d.h. es sollen bevorzugt GET´s zur Anwendung kommen, die eine möglichst korrekte Interpretation der tatsächlichen Zahlenwerte der graphisch repräsentieren Variablen garantieren.

An dieser Stelle läßt sich natürlich einwenden, daß der Sinn einer graphischen Abbildung weniger in einer möglichst genauen numerischen Entschlüsselung der kodierten Variablen liegt (hierfür sind Tabellen wohl kaum zu überbieten), sondern darin, quantitative Informationen zu ordnen und in strukturierten, sinnvollen Mustern widerzugeben. Die Bedeutung der Interpretationsgenauigkeit einer graphische Abbildung sollte also nicht überbewertet werden.

Auf jeden Fall kommen Cleveland und McGill (1984) zu dem Ergebnis, daß das menschliche Auge beim Vergleich von Positionen entlang einer

---

5. Zur "Berliner Schule" der Gestaltpsychologie um W. Köhler und der von ihr vertretenen Perzeptionstheorie siehe z.B. Ash, M.G. (1982) und Hamlyn, D.W. (1979).

allgemeinen Skala sehr treffsicher ist, hingegen keine natürlich absteigende Sensitivität gegenüber verschiedenen Farben aufweist. Es ergibt daher wenig Sinn, kardinal geordnete Intervalle durch Farbvarianzen zu kennzeichnen. Die KA-Diagramme jedoch, die Datenpunkte in einer gemeinsamen Koordinatenfläche "optimal" skalieren, beanspruchen zu ihrer Interpretation tatsächlich eine besonders differenziert ausgeprägte Fähigkeit des menschlichen visuellen Wahrnehmungssystems.

Stephen M. Kosslyn (1984, 1989) hat insbesondere auf die Relevanz kognitiver Prozesse für das Verständnis von graphischen Datenabbildungen hingewiesen (Phasen 2 und 3). Das Dekodieren der statistischen Information ist kein reiner perzeptiver Prozeß, sondern beinhaltet auch kognitive Elemente. So ist das Kurzzeitgedächtnis eindeutig ein relevanter Engpaßfaktor für die angemessene Interpretation von graphischen Abbildungen, insbesondere wenn mehrere graphische Stimuli verglichen oder Skalenwerte erkannt werden sollen. Die beschränkten Kapazitäten des menschlichen Kurzzeitgedächtnisses sind in der Psychologie bekannt und sollten bei der Weiterentwicklung der graphischen Perzeptionstheorie und der Konstruktion neuer Diagrammtypen berücksichtigt werden. Graphische Abbildungen (dies gibt übrigens auch für andere Mitteilungsformen) werden ihren Zweck einer präzisen Informationsübermittlung nur dann erfolgreich erfüllen, wenn sie sich auf das Wesentliche beschränken bzw. auf einen konkreten Sachverhalt hin gestaltet werden.

Ein anerkannter Vorteil graphischer Abbildungen gegenüber Tabellen ist jedoch gerade, daß die Anzahl der notwendigen kognitiven Prozesse zur Informationsaufnahme reduziert wird, und zwar weil das dem Bewußtsein vorgelagerte visuelle System "automatisch" geometrische Muster erkennen und Größenverhältnisse bewerten kann.[6] Mithin begründet diese Tatsache die Überlegenheit eines KA-Diagramms verglichen mit einer Tabelle.

Ein anderer kognitiver Faktor, nämlich der Zugang zum Langzeitgedächtnis, ist für das Dekodieren von Datenabbildungen ebenfalls bedeutsam (Phase

---

6. Siehe Cleveland, W.S. und McGill, R. (1985), S. 828. Sie beschreiben den visuellen Dekodierungsprozeß in Anlehnung an den von Julesz geprägten Ausdruck "preattentive vision".

3). Hier spielt das Vertrautsein mit einem bestimmten Abbildungstypus eine wichtige Rolle: Der Betrachter muß wissen, *wie* die unterschiedlichen Arten von Diagrammen zu lesen sind. In neue Abbildungsarten--z.B. KA-Diagramme--muß man sich häufig erst mit einiger Mühe einarbeiten, ehe die Effizienz der graphischen Informationsübermittlung zum Tragen kommt.

Kosslyn (1989) hat ein der Linguistik angelehntes analytisches Schema zur Evaluierung der Effizienz der Informationsvermittlung von verschiedenen graphischen Abbildungstypen entwickelt. Sein Vorgehen besteht darin, vier Grundelemente eines jeden Diagramms zu isolieren, ihre Struktur zu beschreiben und das Zusammenwirken der Elemente auf syntaktischer, semantischer und pragmatischer Ebene zu untersuchen. Er beschreibt einige Regeln auf der Basis der Perzeptionspsychologie, nach denen eine effektive Datenabbildung gestaltet sein sollte. Relevant für die Beurteilung von KA-Diagrammen ist insbesondere seine Betonung der Tatsache, daß einander ähnelnde Zeichen automatisch zusammen gruppiert werden. Daraus läßt sich schließen, daß Zeilen- und Spaltenkategorien zur besseren Übersicht sich deutlich unterscheiden sollten. Desweiteren weist Kosslyn darauf hin, daß nur etwa sieben Wahrnehmungseinheiten, d.h. Zeichengruppierungen, auf einen Blick wahrgenommen werden können. "Überladene" KA-Diagramme werden also zur Verdeutlichung einer Tabellenstruktur kaum beitragen können.

Ähnlich wie sich die optische Wahrnehmung nicht geschlossen, sondern in einzelnen Informationseinheiten vollzieht (s.o.), so glaubt man, daß an sich geschlossene Sachverhalte in einzelnen Informationsblöcken im Langzeitgedächtnis *abgespeichert* werden (nach Phase 3).[7] Zudem wird z.Z. in der psychologischen Fachliteratur angeregt debattiert, ob Informationen abstrakt-deskriptiv und/oder bildlich im Langzeitgedächtnis abgelegt werden (Stichwort *"imagery"*).[8] Es scheint sich ein vorsichtiger Konsens in die Richtung zu bilden, daß Informationen vermutlich bildhaft verarbeitet und abgespeichert werden und auch, daß bildliche Informationen schneller und besser aufgenommen werden als verbale oder numerische.

---

7. Siehe einen Artikel zu diesem Thema in *The Economist* (1992), S. 116.
8. Siehe MacInnis, D.J. und Price, L.L. (1987) für eine Zusammenfassung der gegenwärtigen Diskussion und ihrer Ergebnisse.

In der Literatur sind einige Untersuchungen über die Effektivität unterschiedlicher statistischer Präsentationsverfahren dokumentiert. Bereits im Jahre 1927 testete J.N. Washburne 15 verschiedene verbale, tabellarische und graphische Formen an 300 Schülern im Alter von elf bis 15 Jahre. Er kam zu dem Schluß, daß die Form der Präsentation ein signifikanter Faktor für das Verständnis von statistischen Informationen ist und daß die Tabelle sich besonders dafür eignet, dem Leser spezifische Einzelwerte einzuprägen.

G.D. Feliciano, R.D. Powers und B.E. Kearl (1963) haben in einem großangelegten Experiment versucht, die unterschiedlichen Stärken in der Wissensvermittlung von jeweils umfangreichen Tabellen, einfachen Tabellen, Histogrammen und einem fünf Absätze umfassenden Text festzustellen. Sie ließen ihre Versuchspersonen verschiedene Übungen absolvieren: Werte aus dem Gedächtnis widergeben, größte Werte feststellen, bestimmte absolute Werte lokalisieren, addieren und Proportionenen vergleichen. Ihre Ergebnisse bestätigen, daß das Darstellungsmedium einen signifikanten Einfluß auf den Lernerfolg von statistischen Informationen hat, und zwar resultierten überlegene Erinnerungswerte bei der graphischen Abbildung (Histogramm). Es erwiesen sich darüber hinaus bei den Erinnerungs- und Rechenübungen die Histogramme wesentlich effektiver als sowohl kurze wie lange Tabellen, und diese waren wiederum effektiver als Textdarstellungen. Als ideal schlagen sie eine Kombination von graphischer Abbildung und ergänzenden Text vor. Ihre Ergebnisse werden in einem neueren Experiment von Spence und Lewandowsky (1990) bestätigt.

Zudem hat die Forschung gezeigt, daß das Präsentationsmedium (bildlich oder anders) eines Problems einen dramatischen Effekt auf die *Zeit*, die zur Lösung gebraucht wird, hat und darüber hinaus die gewählten Lösungsstrategien beeinflußt.[9] Die Tatsache, daß visuelle Information besser als verbale Information vom Menschen behalten wird, wird als *picture superiority effect* in der psychologischen Literatur diskutiert.[10]

---

9. Siehe Simon, H.A. und Hayes, J.R. (1976).
10. Siehe z.B. Alesandrini, K. und Sheikh, A. (1983) sowie Childers, T.L. und Houston, M. (1982).

Da sie sich vom menschlichen Hirn gut verarbeiten *und* erinnern lassen, scheinen graphische Abbildungen folglich ein prädestiniertes Medium zur effizienten Vermittlung von sowohl numerischen wie auch anderen Informationen zu sein. Die graphische Datenpräsentation erregt zunächst einmal Aufmerksamkeit und bleibt lange in der Erinnerung verhaftet. Sie spart Zeit (und Tinte), da die besondere Bedeutung einer großen Masse an statistischen Daten auf einen Blick visuell erfaßt wird. Graphische Abbildungen bieten die Möglichkeit einer umfassenden Darstellung eines Problems und erlauben somit ein vollständigeres und ausgewogeneres Verständnis als eine Präsentation in Tabellen- oder Textform. Als Beispiel sei an Wetterkarten oder Organigramme erinnert: Diese enthalten zwar keine numerische Information an sich, aber verbessern das Verständnis des Betrachters von einem bestimmten Sachverhalt und bieten eine übersichtliche Anordnung der Information. Ein ähnliches Beispiel sind Abbildungen von Dichtefunktionen: Sie bilden theoretische Beziehungen auf eingängige Weise ab, spiegeln aber auch nicht unbedingt eine bestimmte Datenmenge wider. Schließlich lassen graphische Abbildungen weniger offensichtliche Fakten deutlich hervortreten und können somit weitere Analysen stimulieren.

Kapitel III: Ausgewählte Methoden zur Abbildung multivariater Daten

III.1. Tukeys Stamm-und-Blatt-Diagramm

Im folgenden sollen kurz einige innovative Verfahren zur graphischen Darstellung ein- und mehrdimensionaler Datenmengen vorgestellt werden. Insbesondere John Tukey hat sich zu der Frage Gedanken gemacht, wie sich gesammelte Beobachtungen rasch und einfach in eine Abbildung überführen lassen, um einen ersten visuellen Eindruck der vorliegenden Datenstruktur zu erhalten. Als geradezu genial muß sein Vorschlag der *Stamm-und-Blatt-Anordnung* für eine eindimensionale Zahlenreihe gelten, bei der die optische Eindrücklichkeit einer Histogrammabbildung zum Tragen kommt und dennoch die volle Zahleninformation erhalten bleibt. Ein kleines Beispiel soll die Ausdruckskraft des Stamm-und-Blatt-Diagramms demonstrieren.

Die folgenden Zahlen sind Beträge in DM, die in einer Informationsbroschüre für Hochschulabsolventen als Einstiegsgehälter p.a. für Wirtschaftswissenschaftler bei einer Reihe befragter Unternehmen genannt werden:

64.000; 80.000; 60.000; 55.000; 58.000; 60.000; 62.000; 60.000; 62.000; 63.000; 65.000; 60.000; 61.000; 60.000; 60.000; 68.000; 60.000; 73.000; 65.000; 60.000; 55.000; 59.000; 57.000; 60.000; 52.000; 58.000; 70.000; 65.000; 70.000; 60.000; 68.000; 50.000; 59.000; 55.000; 52.000; 60.000; 60.000; 60.000; 62.000; 60.000; 72.000; 65.000; 62.000; 62.000; 60.000; 65.000; 68.000; 60.000; 59.000; 58.000; 56.000; 61.000; 60.000; 55.000; 60.000.

Als Stamm-und-Blatt-Diagramm werden diese Zahlen so angeordnet:

5	022555567888999
6	00000000000000000112222234555555888
7	0023
8	0

Die Ziffern links sind die "Stämme" (in Zehntausendern), während rechts die größenmäßig geordneten "Blätter" (Tausender) stehen. Schiefe und dichtester Wert der Verteilung sind auf einem Blick zu erfassen. Natürlich kann dieser Abbildungstypus in Abhängigkeit der betrachteten Verteilung noch weiter variiert werden (z.B. böte sich hier eine Aufteilung der Stamm-Intervalle in jeweils 5000 DM-Schritte an).

III.2. Polygone

Gemäß der üblichen Semantik beschäftigt sich die multivariate Statistik mit Daten, die über mehrere Dimensionen des gleichen Individuums hinweg gesammelt werden. Eine Abhängigkeit oder Korrelation der Beobachtungen ist im allgemeinen eine Folge der gemeinsamen Quelle der erhobenen Werte. Die gewonnenen Daten können zunächst für jedes betrachtete Individuum in einem Beobachtungsvektor erfaßt und anschließend vollständig in einer Tabelle zusammengetragen werden. Die in einer solchen Tabelle enthaltenen Beobachtungen lassen sich geometrisch als Punktwolke im multidimensionalen Raum vorstellen. Zahlreiche ausdrucksvolle Abbildungstypen sind entwickelt worden, um den visuellen Vergleich von mehreren Beobachtungsvektoren zu ermöglichen.

Polygone bilden die *p* Messungen aus jeweils einem Beobachtungsvektor auf gleichmäßig plazierten Radien, die vom Mittelpunkt eines Kreises ausgehen, ab. Häufig ist es sinnvoll, standardisierte Werte der jeweiligen Variablen zu betrachten. Die Meßwerte werden anschließend mit Linien verbunden und bilden so einen Stern oder eine Schneeflocke. Für jeden Beobachtungsvektor kann ein solcher Stern gezeichnet werden, dessen Form und Größe, in Abhängigkeit der Art der vorgenommenen Beobachtungen, eine bestimmte Aussagekraft zukommt. Optisch ähnlich geformte Polygone sind schnell zu erkennen und stammen von ähnlichen Beobachtungsvektoren.

Die OECD hat ein "Trapez" zum Vergleich der Leistung verschiedener Volkswirtschaften gemäß den Kriterien des "magischen Vierecks" Wirtschaftswachstum, Geldwertstabilität, Beschäftigung und außenwirtschaftlichem Gleichgewicht entwickelt (siehe Abbildung). Die

Polygone erlauben nicht nur den Vergleich zwischen mehreren Ländern, sondern auch die Abbildung der unterschiedlichen Entwicklung einer jeden Volkswirtschaft in verschiedenen Zeiträumen (gestrichelt: 1967-73; schattiert: 1980-90).

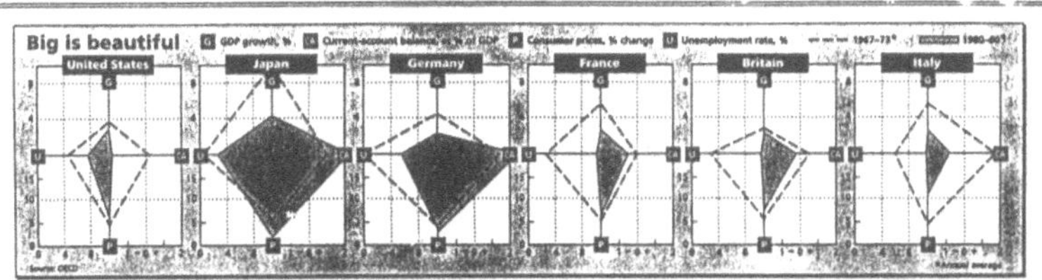

An economy's best friend

TRADITIONALLY, governments have had four main economic goals: strong growth, low inflation, low unemployment and a "sound" balance-of-payments position. One rough and ready way to judge how an economy measures up to these goals is the "diamond", invented by economists at the Organisation for Economic Co-operation and Development, the Paris-based club of rich nations, in the early 1980s.

The charts plot each of the four economic indicators (GDP growth, inflation, unemployment rate, and current-account balance as a percentage of GDP) along one of the four axes, with the scales fixed so that the farther each plot is away from the origin, the better the country's performance. For each country, the four plots are joined up to form a diamond: the bigger the diamond, the better its record.

The charts compare the performance of the six biggest industrial economies in 1980-90 with the "golden age" of 1967-73, before oil prices soared. In the 1960s and early 1970s most economies scored relatively well on all four criteria. Japan and Germany boasted the biggest diamonds. But then came the oil shock: growth stalled, inflation and unemployment rose. All countries saw their diamonds shrink dramatically during 1974-79, particularly Britain and Italy.

The charts show that only two of these countries regained their sparkle during the 1980s. Unemployment continued to rise everywhere. Only Japan and Germany bettered their inflation records of 1967-73. This, along with bigger current-account surpluses, puffed up the size of their diamonds almost to the size they had been before the oil shock, although growth was slower in both countries, as it was for the other four countries as well.

The diamonds of the other four countries, however, all remained smaller in the 1980s than before 1974. America's shrank compared with the 1970s because of its huge current-account deficit. Britain, France and Italy all had their diamonds badly dented on the left-hand side by higher unemployment. Shrinking from every direction, Italy's diamond looks in danger of disappearing.

Abb. III.1: Zeichnungen von Polygonen stellen Abwandlungen einfacher Profillinien zur Repräsentation multidimensionaler Datenpunkte dar, die "sinnvolle", einprägsame Umrisse annehmen. Quelle: *The Economist*, 16. Nov. 1991, S. 8.

III.3. Chernoff-Gesichter

Auf besondere Resonanz ist der Vorschlag von Herman Chernoff (1973) gestoßen, multivariate Datenpunkte mittels *Gesichtern* (bzw. durch Karikaturen menschlicher Gesichter) abzubilden. Chernoff begründete seinen Vorschlag mit der Feststellung, daß Menschen von Kind auf lernen, zwischen Gesichtern mit unterschiedlichen Zügen zu differenzieren. Zudem weisen Gesichter eine große Spanne verschiedener Merkmale auf, die sämtlich mit einer anderen Variablen belegt werden können.

Jeder Beobachtungsvektor wird mittels eines computergezeichneten Cartoongesichts dargestellt. Die Gesichtszüge wie Nasenlänge, Mundkrümmung usw. repräsentieren dabei jeweils eine Komponente des Vektors. Diese Visualierung erleichtert beim Vergleich mehrerer Gesichter das Erkennen der in den Daten vorhandenen wichtigen Regel- und Unregelmäßigkeiten.

Chernoff konstruiert in seinem Originalbeitrag Gesichter auf der Grundlage von Kalkfossilien, an denen verschiedene charakteristische Messungen vorgenommen wurden. Die von Laien auf der Basis der Gesichtszeichnungen durchgeführte Einteilung der Versteinerungen in drei abgegrenzte Gruppen deckt sich mit der von Fachleuten getroffenen Klassifizierung der Fossilien.

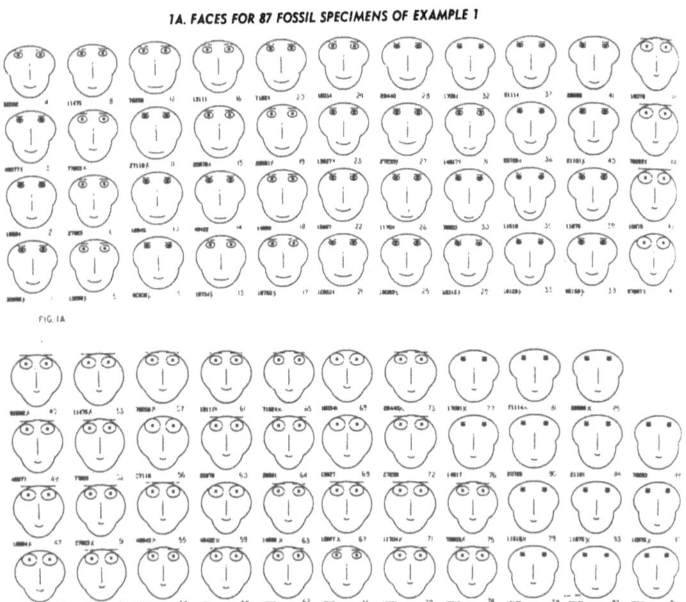

Abb. III.2: Unterschiede in Augenpartie, Kopf- und Mundform lassen eine Einteilung der computergezeichneten Gesichter in drei Cluster in diesem Originalbeispiel Chernoffs sofort ins Auge fallen. Quelle: Chernoff, H. (1973), S. 362.

1'. 6 MEASUREMENTS ON 87 NUMMULITED SPECIMENS FROM THE EOCENE YELLOW LIMESTONE FORMATION, JAMAICA

ID	z_1	z_2	z_3	z_4	z_5	z_6	ID	z_1	z_2	z_3	z_4	z_5	z_6
1	160	51	10	28	70	450	48	190	34	9	26	96	1070
2	155	52	8	27	85	400	49	285	30	11	19	100	990
3	141	49	11	25	72	380	50	300	30	9	20	102	1120
4	130	50	10	26	75	560	51	225	30	10	22	105	985
5	161	50	10	27	70	665	52	260	34	8	22	97	1090
6	135	50	12	27	88	570	53	280	30	8	20	112	1200
7	165	50	11	23	95	675	54	300	34	10	20	108	835
8	150	50	9	29	90	580	55	310	30	11	19	106	1055
9	148	48	8	26	85	390	56	290	31	12	26	94	1240
10	150	45	7	31	60	435	57	260	30	8	22	98	1015
11	120	40	6	33	55	440	58	290	33	9	25	100	1010
12	120	51	8	32	56	650	59	160	31	11	20	79	1170
13	100	42	8	30	55	640	60	240	35	11	20	88	990
14	100	44	9	35	48	430	61	195	31	8	21	81	975
15	150	40	7	29	65	650	62	290	34	10	19	94	860
16	90	46	9	30	70	655	63	210	35	9	22	96	950
17	75	42	8	28	60	640	64	180	30	11	22	97	990
18	120	47	7	35	67	645	65	205	29	11	23	90	805
19	200	43	9	30	62	660	66	215	34	8	21	100	700
20	120	41	8	28	63	530	67	270	31	8	20	111	1170
21	105	50	7	27	64	435	68	290	30	9	23	102	1350
22	210	52	9	26	67	440	69	320	32	10	19	87	1160
23	90	40	10	25	68	430	70	210	30	9	18	112	1010
24	110	52	11	25	60	530	71	210	30	8	21	95	1190
25	100	43	9	25	70	440	72	185	34	9	25	96	1055
26	90	44	7	36	63	454	73	200	32	8	26	98	980
27	70	45	8	23	64	450	74	170	29	9	20	95	1095
28	100	48	9	27	65	355	75	140	30	9	20	98	990
29	130	52	9	25	70	380	76	90	52	8	24	120	210
30	90	45	11	37	74	350	77	110	49	9	22	130	220
31	80	46	10	32	78	450	78	100	56	8	19	128	216
32	95	49	10	25	82	260	79	95	49	8	24	124	218
33	70	44	12	30	85	262	80	65	62	9	30	134	200
35	95	51	15	31	70	270	81	55	50	10	27	128	205
36	100	46	11	24	76	270	82	70	53	7	28	118	204
37	95	48	10	27	74	355	83	85	49	11	19	117	206
38	85	47	12	25	73	360	84	115	50	10	21	122	198
39	70	48	11	26	78	365	85	110	57	9	26	125	230
40	80	54	10	21	80	370	86	95	48	8	27	114	228
41	85	55	13	33	81	355	87	95	49	8	29	118	240
42	200	34	10	24	98	1210	88	120	61	9	24	120	244
43	260	31	8	21	110	1220							
44	195	30	9	20	105	1130	min	70	29	6	18	48	198
45	195	32	9	19	110	1010	max	320	62	15	37	134	1350
46	220	33	10	24	95	1205	min[1]	70	40	6	21	48	260
47	220	30	8	25	90	1210	max[1]	210	55	15	37	95	675

Abb. III.3: Die den Gesichtern zugehörige Tabelle, die für 87 Exemplare von Kalkversteinerungen jeweils sechs charakteristische Abmessungen zusammenfaßt. Quelle: Chernoff, H. (1973), S. 366.

Ein großer Nachteil der Chernoff-Gesichter ist allerdings darin zu sehen, daß die subjektive Zuordnung von Variablen zu Gesichtszügen einen erheblichen Einfluß auf die resultierende Gesichtsform hat. Sollte der Zweck der Übung darin bestehen, eine einfache Klassifikation der Gesichter in Gruppen zu erreichen, so haben Chernoff und Rizvi (1975) gezeigt, daß Veränderungen in der Variablenzuordnung Fehlerquoten von bis zu 25% verursachen. Dies bedeutet, daß die Einteilung zweier Gesichter als "ziemlich ähnlich" von der Zuordnung der Variablen zu spezifischen Gesichtsmerkmalen stark beeinflußt wird.

III.4. Andrews-Kurven

D.F. Andrews (1972) schlug die Verwendung harmonischer *Funktionen* zur Darstellung multivariater Datenpunkte vor. Er führte die Funktion

$$f_{\mathbf{x}}(t) = X_1/\sqrt{2} + X_2 \sin t + X_3 \cos t + X_4 \sin 2t + X_5 \cos 2t + \ldots$$

für $-\pi < t < \pi$, als eine zweidimensionale Abbildung des Beobachtungsvektors $\mathbf{X} = (X_1, X_2, \ldots, X_p)'$ ein. Werden die entstehenden Funktionsbilder der *n* p-variaten Beobachtungsvektoren auf einem Achsensystem abgetragen, so können die *n* Fälle miteinander verglichen werden. Falls *n* jedoch etwa 10 übersteigt, wird es schwierig für das Auge, den Verlauf der verschiedenen Kurven zu verfolgen und vergleichen.

Andrews vergleicht in seinem Originalbeitrag Messungen, die an den Zähnen von lebendigen Subjekten sowie an Skeletten von ausgestorbenen Menschenaffen vorgenommen wurden. Mittels der Funktionsbilder lassen sich Ähnlichkeiten und Unterschiede im Körperbau isolieren (Abb. siehe nächste Seite):

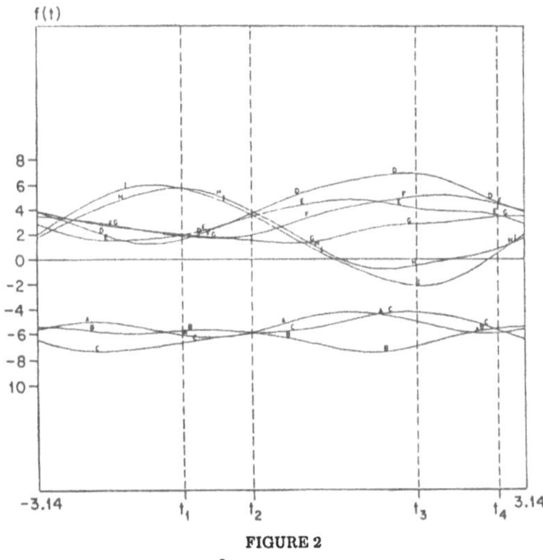

FIGURE 2

8-DIMENSIONAL DATA

PERMANENT FIRST LOWER PREMOLAR GROUP MEANS

A-WEST AFRICAN B-BRITISH C-AUSTRALIAN

D, E-GORILLA F, G-ORANG-OUTANG H, I-CHIMPANZEE

$f(t) = x_1/\sqrt{2} + x_2 \sin(t) + x_3 \cos(t) + \cdots$

Abb. III.4: Messungen an den Zähnen stellen die Dimensionen der ursprünglichen Beobachtungsvektoren dar. Die Werte von acht resultierenden kanonischen Variablen für Menschen und Primaten werden als harmonische Funktionen abgebildet. In diesem *Plot* bilden Menschen und Affen zwei deutlich unterschiedliche Gruppen. Quelle: Andrews, D.F. (1972), S. 129.

Zwei wichtige Eigenschaften von Andrews' Funktion $f_{\mathbf{x}}(t)$ sind:

-- Die Funktionsabbildung erhält die Mittelwerte. D.h. die Funktion des Durchschnittsvektors der verschiedenen Beobachtungsvektoren $\mathbf{X}_1$, $\mathbf{X}_2$, ..., $\mathbf{X}_n$ ist Punkt für Punkt der Mittelwert der Funktionen $f_{\mathbf{x}1}(t)$, $f_{\mathbf{x}2}(t)$, ..., $f_{\mathbf{x}n}(t)$.

-- Die Funktionsabbildung ist distanzerhaltend. Andrews zeigt, daß der Abstand zwischen zwei Funktionen $f_{\mathbf{x}1}(t)$ und $f_{\mathbf{x}2}(t)$ der euklidischen Distanz zwischen den Beobachtungsvektoren $\mathbf{X}_1$ und $\mathbf{X}_2$ proportional ist.

Auf diesen beiden Eigenschaften beruht die Tatsache, daß Andrews-Kurven sich zur Clusterbildung von Beobachtungspunkten zu homogenen Gruppen oder zum Vergleich individueller Funktionen mit der Durchschnittsfunktion eignen.

III.5. Vergleich mit der Korrespondenzanalyse

Es liegen einige Studien vor, die untersucht haben, welche der hier gezeigten graphischen Datenabbildungsverfahren am ehesten dazu in der Lage sind, Unterschiede zwischen verschiedenen Beobachtungsvektoren deutlich hervortreten zu lassen.[1] Es erscheint, daß Andrews-Kurven sich unter normalen Umständen als am effektivsten erweisen, dann folgen die Chernoff-Gesichter und schließlich die Polygone.

Allerdings sind bei allen diesen Abbildungsverfahren jeweils (teils technische) Grenzen bezüglich der Anzahl der einzubeziehenden Variablen gegeben. Chernoff beschränkt seine Gesichter auf 18 Dimensionen. Bei Polygonen liegt die Grenze erfahrungsgemäß bereits bei acht Dimensionen. Darüber hinaus stellt das menschliche perzeptive System Grenzen bezüglich des gleichzeitigen Vergleichs von mehr als ca. sieben Abbildungen (siehe Abschnitt II.5. und vgl. etwa die Effektivität des obigen Originalbeispiels Chernoffs mit insgesamt 87 Gesichtern). Andrews beschreibt, daß Kurvendiagramme mit mehr als zehn Funktionen unleserlich werden.

Am Beispiel der Chernoff-Gesichter läßt sich darüber hinaus kritisieren, daß bis zu fünf GET´s (nach Cleveland und McGill, siehe Abschnitt II.5) zum Entschlüsseln der durch Gesichtszüge kodierten Variablenwerte benötigt werden. Alle gezeigten Verfahren beanspruchen eine aufwendige perzeptive Verarbeitung vom menschlichen Auge und Gehirn, während der ständig einzelne Figuren oder Funktionsverläufe miteinander verglichen werden müssen. Es gibt kein einzelnes einfaches, direktes GET, welches man zur Untersuchung der Beziehung zwischen zwei Dimensionen durchführen könnte, wie z.B. bei einem kartesischen Koordinatenkreuz. Aus diesem Grund vermitteln Gesichter und andere symbolische Abbildungen garnicht soviel Informationen über die Geometrie einer multidimensionalen Punktwolke.

---

1. Siehe z.B. Wang, P.C.C. (1978), S. 123-41.

Vor dem Hintergrund der in Abschnitt II.5. zitierten Ergebnisse der Perzeptionspsychologie erscheint es wesentlich sinnvoller, zur Abbildung multivariater Datenmengen *Projektionen* einer Punktwolke auf eine Ebene zu verwenden. Eine solche Projektion wird als Streudiagramm abgebildet, sodaß die beanspruchten GET´s sich auf die zwei Typen "Beurteilung von Positionen entlang einer gemeinsamen Skala" und, eventuell noch, "Beurteilung von Richtung" (Neigung) beschränken.[2]

Metrische Skalierungsverfahren, wie die Hauptkomponentenanalyse (HKA) und die Korrespondenzanalyse (KA), resultieren in sogenannten "optimalen" Projektionsabbildungen von multidimensionalen Punktwolken, da sie versuchen, möglichst viel Streuung der ursprünglichen Punktkonfiguration in ein Projektionsdiagramm zu übernehmen. Dabei ist die KA als neuere Entwicklung besonders interessant, da sie die Zeilen und Spalten einer Matrix symmetrisch behandelt und in eine gemeinsame Abbildung überführen kann. Die KA kann zur graphischen Verdeutlichung der Zeilen- und Spaltentruktur von Häufigkeitstabellen und anderen Datenmatrizen eingesetzt werden. Im folgenden Kapitel IV erfolgt zunächst als Einführung in die Funktionsweise metrischer Skalierungsverfahren eine Darstellung der Geometrie der HKA. Eine detaillierte Ausarbeitung und geometrische Deutung der linearen Algebra der KA schließt sich in Kapitel V an.

In diesem Zusammenhang ist abschließend die folgende Beobachtung von S.H.C. du Toit, A.G.W. Steyn und R.H. Stumpf sehr interessant:

> "… research has shown that a graphic representation of the first two principal components or other multidimensional scaling procedures in two dimensions… are much more adept at highlighting differences between observations than any… [other] visual methods… It cannot be argued away, however, that the use of visual representations can liven up an otherwise dull data representation while at the same time offering a considerable amount of information not readily available in a data matrix."[3]

---

2. Siehe Cleveland, W.S. und McGill, R. (1984a), S. 533-45. Als besonders günstig kann dabei noch eingestuft werden, daß die Beurteilung von Punkten entlang einer gemeinsamen Skala von den Autoren als besonders effektives GET in ihren Experimenten erkannt ist.
3. du Toit, S.H.C., Steyn, A.G.W. und Stumpf, R.W. (1986), S. 71/2.

Kapitel IV: Die Geometrie der Hauptkomponentenanalyse

IV.1. Grundlegende Bemerkungen

Die Hauptkomponentenanalyse gehört wie die Korrespondenzanalyse zur Familie der metrischen Skalierungsverfahren. Die Vorgehensweise metrischer Skalierungsverfahren läßt sich allgemein in drei Schritten geometrisch erfassen:

1. Definition einer Punktwolke in einem multidimensionalen Vektorraum;
2. Definition einer Metrik für diesen Raum;
3. Einpassung der Punktwolke in einen niedrigdimensionierten Unterraum, auf den die Punkte projiziert werden.

Die Punkte werden anschließend im Rahmen des neugefundenen Unterraums dargestellt und interpretiert. Dieser Unterraum ist für eine eingängige Darstellung idealerweise ein- oder zweidimensional.

Die Geometrie der HKA wie die der KA läßt sich gemäß diesen Schritten nachvollziehen. Zunächst folgt beispielhaft eine Ausarbeitung der HKA, in deren Anlehnung das Verfahren der KA in Kapitel V dargestellt wird.

Die HKA ist seit Ende des letzten Jahrhunderts bekannt und stellt ein grundlegendes statistisches Verfahren dar, auf dem zahlreiche weitere multivariate Analysemethoden aufbauen.[1] Formal ausgedrückt stellt die HKA eine Methode zur Transformation einer Menge Variablen x_1, x_2, ..., x_j in eine neue Menge Variablen y_1, y_2, ..., y_j dar. Die neuen Variablen weisen dabei insbesondere drei Eigenschaften auf:

i) Jedes y ist eine Linearkombination der x:

$$y_i = a_{i1}x_1 + a_{i2}x_2 + \ldots + a_{ij}x_j.$$

ii) Die Summe der Quadrate der Koeffizienten a_{ij} mit j = 1, 2, ... J

1. K. Pearson (1901) gibt die erste Beschreibung der HKA. Einführungen in die Algebra der HKA finden sich in jedem Lehrbuch über multivariate statistische Analyseverfahren. Siehe auch den Beitrag "Component Analysis" im *Encyclopedia of Statistical Sciences*, Bd. 2, S. 82-86.

beträgt 1.

iii) $y_1, y_2, y_3, \ldots$ haben sukzessiv maximale Varianzen, wobei diese neuen Variablen paarweise unkorreliert sind.

Eine graphische Abbildung entlang ein, zwei oder drei der neugefundenen Dimensionen ist anschließend möglich, muß aber nicht notwendigerweise angestrebt werden.

IV.2. Definition einer Punktwolke in einem multidimensionalen Vektorraum

Die Ausgangsdaten einer HKA sind in einer zweidimensionalen Datentabelle gesammelt, in der die verschiedenen (metrischen) Werte von J Variablen in Bezug auf eine Gruppe von I Individuen oder Objekten festgehalten werden. Diese Datentabelle läßt sich als $I \times J$-Matrix $\mathbf{X}$ darstellen:

$$\mathbf{X} = (x_{ij}) = \begin{bmatrix} x_{11} & \cdots & x_{1J} \\ \cdot & & \cdot \\ \cdot & & \cdot \\ \cdot & & \cdot \\ x_{I1} & \cdots & x_{IJ} \end{bmatrix}$$

Die einzelnen Werte der J Variablen für das i-te Individuum befinden sich im Zeilenvektor $\mathbf{x}' = (x_{i1}, x_{i2}, \ldots, x_{iJ})$. Dabei handelt es sich nicht mehr um die Rohwerte der Variablen, sondern die Eintragungen sollen spaltenweise um ihre jeweiligen Mittelwerte gemessen worden sein. (Hieraus folgt, daß die Mittelwerte aller Spalten gleich Null sind bzw. die Daten spaltenzentriert wurden). Darüber hinaus sollen alle Variablenwerte durch die Quadratwurzel des Stichprobenumfangs I geteilt sein. Die Matrix $\mathbf{X}$ wird als Wolke von I Individuenpunkten x_i im J-dimensionalen euklidischen Variablenraum gedeutet, d.h. der Wert der j-ten Variablen für jedes Individuum bezieht sich auf die j-te von insgesamt J zueinander orthogonaler Koordinatenachsen. Werden eine große Anzahl von Variablen über eine ebenfalls große Anzahl von Individuen erhoben, so resultiert ein komplexes Punktegebilde im multidimensionalen euklidischen Raum. Durch die Zentrierung liegt der "Schwerpunkt" der Punktwolke im Koordinatenursprung.

Es ist gut möglich, daß einige der J Variablen in hohem Maße miteinander korreliert sind. In diesem Fall wäre es u. U. wünschenswert, mehrere korrelierte Variablen durch einige wenige Linearkombinationen zu ersetzen, die soviel gemeinsame Streuung wie möglich der ursprünglichen Variablen erklären. Durch eine solche Variablenverdichtung ließen sich die in **X** enthaltenen Informationen über die I Individuen kompakter und damit eventuell eingängiger darstellen. Eine solche Umformulierung der Daten anhand einer geänderten Variablenkonstellation läßt sich mit Hilfe der HKA erreichen.

IV.3. Definition einer Metrik für den Datenraum

Geometrisch betrachtet besteht das Anliegen der HKA in der Umorientierung des ursprünglichen Datenraumes mit korrelierten Dimensionen auf ein System neuer unkorrelierter Achsen, entlang derer die Punkte möglichst weit auseinander liegen (Siehe Abb. IV.1). Dies ist gleichbedeutend mit der Forderung, daß die Punkte eine möglichst große Varianz entlang der neuen Achsen aufweisen sollen.

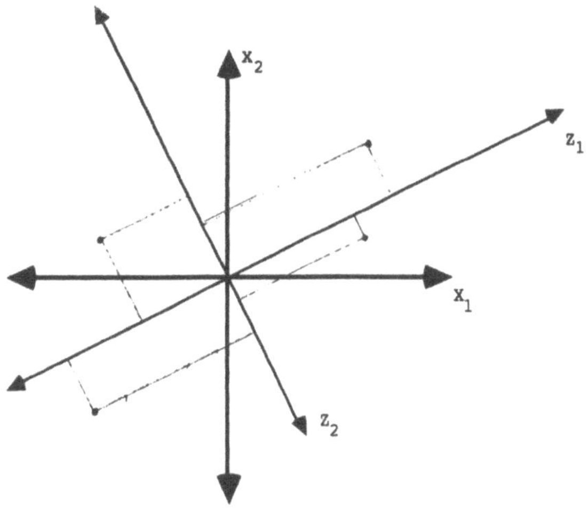

Abb. IV.1: Umorientierung einer Menge Punkte im zweidimensionalen Raum. Die neuen orthogonalen Achsen Z_i minimieren sukzessive die Abstände zwischen den ursprünglichen Punkten und ihren jeweiligen senkrechten Projektionen, bzw. maximieren sukzessive die Varianz der Punktprojektionen. Die Werte der Variablen X_1 und X_2 können nun durch eine Linearkombination $Z = t_1X_1 + t_2X_2$ ausgedrückt werden.

Die Punktwolke, die unsere Ausgangsmatrix darstellt, befindet sich im normalen J-dimensionalen euklidischen Raum, in dem die einfache euklidische Metrik gilt. Folglich läßt sich für jedes Vektoren- bzw. Punktepaar ein Abstand in Anlehnung an den Satz des Pythagoras nach der Formel

$$|\mathbf{a} - \mathbf{b}| = [(\mathbf{a} - \mathbf{b})'(\mathbf{a} - \mathbf{b})]^{1/2}$$

bestimmen. Die euklidische Metrik weist bekanntlich die Eigenschaften der Positivität, Symmetrie und Dreiecksungleichheit auf. Hierdurch wird gewährleistet, daß der Abstand zwischen zwei Punkten sich jeweils visuell erfassen läßt.

Die Entfernungen zwischen den ursprünglichen Punkten, ihren Projektionen auf den neuen Achsen sowie dem Ursprung lassen sich alle anhand der euklidischen Metrik bestimmen. Das Ziel der HKA besteht also darin, die Summe der (quadrierten) Abstände zwischen Ursprung und den Punktprojektionen entlang der neuen Achsen jeweils zu maximieren.

IV.4. Einpassung der Punktwolke in einen niedrigdimensionierten Unterraum

Im weiteren Vorgehen sollen die Basisvektoren des ursprünglichen Datenraums durch ein System neuer Basisvektoren ersetzt werden. Diese neuen Basisvektoren stellen die von uns gesuchten neuen Achsen dar und werden häufig *Hauptachsen* genannt. Wir erreichen dieses Ziel durch eine kanonische Zerlegung der Kovarianz-Matrix der Ausgangsdaten.

An dieser Stelle ist ein Exkurs in die geometrische Deutung einer kanonischen Zerlegung von symmetrischen Matrizen angebracht. Auch die Kovarianz-Matrix **C** der Ausgangsdaten ist eine symmetrische Matrix mit der Ordnung $J \times J$. **C** berechnet sich bekanntermaßen als das Produkt der Transponierten der mittelwertkorrigierten Ausgangsmatrix **X′** mit **X** (in **X** sollen alle ursprünglichen Werte bereits durch $\sqrt{I}$ geteilt worden sein):

$$\mathbf{C} = \mathbf{X}'\mathbf{X}$$

Wenn die Zahl der Individuen I größer ist als die Zahl der Variablen J, dann ist **C** möglicherweise singulär, da Rang **C** $\leq$ min (I,J).

Allgemein läßt sich jede symmetrische Matrix **S** nach folgender Manier zerlegen:

$$\mathbf{S} = \mathbf{T} \; \mathbf{D} \; \mathbf{T}' \qquad \text{(IV.4.1)}$$

wobei **T** eine orthogonale Matrix der Eigenvektoren und **D** eine Diagonalmatrix der Eigenwerte von **S** ist. Die Eigenvektoren werden gewöhnlich als auf die Länge Eins normiert angenommen. Dies ist die bekannte kanonische Zerlegung einer symmetrischen Matrix. Sofern die Eigenwerte alle verschieden sind, ist diese Zerlegung bis auf die

Orientierung der Spaltenvektoren von **T** eindeutig, von Umordnungen abgesehen.

Wie aus (IV.4.1) ersichtlich ist, können wir im Rahmen einer geometrischen Interpretation dieser kanonischen Zerlegung **S** als lineare Abbildung in Bezug auf ein bestimmtes System von Basisvektoren auffassen.[2] Die in **T** enthaltenen Eigenvektoren gehen bei einer Transformation durch **S** in Vielfache von sich selber über, d.h. bleiben in ihrer ursprünglichen Winkelausrichtung als Geradenstücke erhalten. In geometrischer Sichtweise lassen sich die in **T** enthaltenen Eigenvektoren folglich auch als alternative Basis für den betrachteten Vektorraum interpretieren. Die durch **S** bewirkte lineare Abbildung wird in dieser neuen Basis durch eine einfache Streckung, ausgedrückt durch die Diagonalmatrix **D**, erreicht.

Bei unserem Problem der Vereinfachung unserer Datenmatrix suchen wir ebenfalls nach einer neuen kanonischen Basis, um die ursprüngliche Punktwolke so ökonomisch wie möglich darzustellen. Dabei sollen die Punkte eine möglichst große Varianz entlang dieser neuen Achsen aufweisen. Wir suchen folglich ein System von Einheitsvektoren, das die Varianz der I Punkte (oder eine ihr proportionale Größe) maximiert, wenn die Punkte auf diese Vektoren projiziert werden. In Anlehnung an den Satz des Pythagoras ist dies bei gegebenen Abständen der verschiedenen Punkte zum Ursprung in einem kartesischen Koordinatensystem gleichbedeutend mit der Minimierung der Summe aller quadrierten Abstände zwischen den ursprünglichen Punkten und ihren Projektionen auf jeweils einen Basisvektor (Siehe Abb. IV.2).

---

2. Um dies zu sehen, forme man (VI.2.1) wie folgt um: **S T** = **T D** (man beachte, daß **D** eine Diagonalmatrix ist).

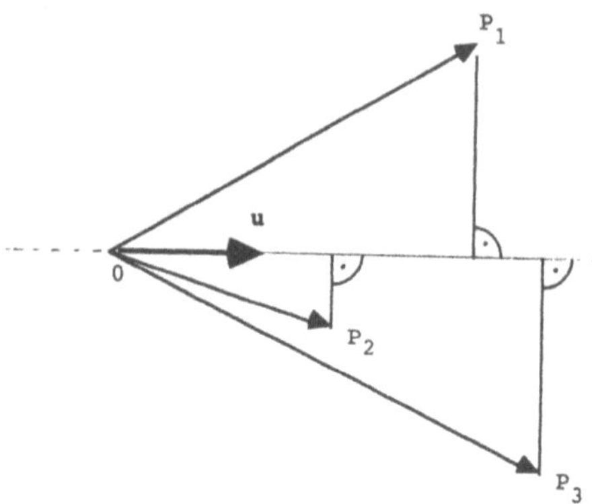

Abb. IV.2: Im einfachsten Fall liegen die Koordinaten der Punkte P_i aufgrund der Eintragungen in der Datenmatrix **X** fest. Gesucht werde eine eindimensionale Projektion aller Punkte auf den Vektor **u**, der durch den Ursprung des Koordinatensystems geht und der ein sogenannter Einheitsvektor ist: Es gilt $\mathbf{u}'\mathbf{u} = 1$. In diesem einfachsten Fall ist **u** der eindimensionale Unter"raum".

Die Länge der orthogonalen Projektion eines unserer Punkte x_i im J-dimensionalen Raum auf einen Einheitsvektor **e** wird ausgedrückt durch $\mathbf{e}'\mathbf{x}$, mit $\mathbf{e}' = (e_1, e_2, \ldots, e_J)$.[3] Allgemein für alle I Punkte erhält man ihre Projektionen auf **e** durch den Ausdruck **Xe**.

Die Varianz der Projektionen aller I Punkte auf diesen Einheitsvektor beträgt $V = \mathbf{e}'\mathbf{X}'\mathbf{X}\mathbf{e}$, wobei $\mathbf{X}'\mathbf{X}$ in diesem Zusammenhang die Kovarianz-Matrix **C** unserer ursprünglichen Datenmatrix darstellen soll. Diese Varianz soll möglichst groß werden unter der Nebenbedingung, daß

---

3. Die Länge der Projektion eines Vektors **b** entlang eines Vektors **a** ist definiert als $|\mathbf{b_p}| = |\ |\mathbf{b}| \cos \mu_{\mathbf{ab}}\ | = \mathbf{a}'\mathbf{b}/|\mathbf{a}|$. Beim Einheitsvektor **e** ist $|\mathbf{e}| = 1$, sodaß Beträge von Projektionen eines anderen Vektoren auf den Einheitsvektor gleich dem jeweiligen Skalarprodukt sind.

$|\mathbf{e}|$ Eins ist.[4] Es muß also der Ausdruck

$$V = \mathbf{e}'\mathbf{C}\mathbf{e} - \lambda\ (\mathbf{e}'\mathbf{e} - 1)$$

maximiert werden, wobei **C** symmetrisch und λ ein Lagrange-Multiplikator ist.

Es ergibt sich

$$\partial V/\partial \mathbf{e} = 2\ (\mathbf{C}\mathbf{e} - \lambda\mathbf{e})$$

und

$$(\mathbf{C} - \lambda\mathbf{I})\ \mathbf{e} = \mathbf{0}$$

Wäre nun die Matrix $\mathbf{C} - \lambda\mathbf{I}$ für gegebenes λ nichtsingulär, dann bestünde die einzige Lösung für den letzten Ausdruck in der Gleichsetzung von **e** mit dem Nullvektor. Hier hingegen wollen wir ein λ finden, welches $\mathbf{C} - \lambda\mathbf{I}$ singulär macht, d.h. dessen Determinante Null werden läßt. Es wird also das λ gesucht, welches die sogenannte charakteristische Gleichung

$$|\mathbf{C} - \lambda\mathbf{I}| = 0$$

erfüllt. Anders ausgedrückt suchen wir ein **e**, sodaß gilt:

$$\mathbf{C}\mathbf{e} = \lambda\mathbf{e}$$

e soll also bei einer linearen Abbildung durch die Matrix **C** in ein Vielfaches seiner selbst übergehen, mithin ein Eigenvektor von **C** sein. λ ist sein zugehöriger Eigenwert, der den Grad der Streckung angibt, den **e** bei einer linearen Abbildung durch **C** erfährt.

Bei der Determinante von $\mathbf{C} - \lambda\mathbf{I}$ handelt es sich um ein Polynom vom Grade *J*. Bei der Lösung der charakteristischen Gleichung können wir folglich bis zu *J* verschiedene Werte für λ erhalten. Zu jedem Eigenwert λ_j gehört ein spezieller Eigenvektor $\mathbf{e}_j$, der sich aus der Gleichung

---

4. Durch die Festlegung von $\mathbf{e}'\mathbf{e} = 1$ wird zudem eine einfache Maximierung von V durch Wahl beliebig großer Komponenten von **e** verhindert.

$$(\mathbf{C} - \lambda_j \mathbf{I})\ \mathbf{e}_j = \mathbf{0}$$

ermitteln läßt. Die Lösung ist im wesentlichen eindeutig, wenn die λ_j alle verschieden sind. Jeder Vektor $\mathbf{e}_j$ wird dabei aus einer Linearkombination der ursprünglichen Basisvektoren, d.h. der ursprünglichen Variablen, gebildet. Da **C** das Produkt einer Matrix mit ihrer Transponierten ist und somit symmetrisch sein muß, werden die gefundenen Eigenwerte alle reell und nichtnegativ sein.[5] Diese Tatsache sichert uns die Möglichkeit einer geometrischen Interpretation der HKA.

Es ergibt sich eine weitere Folge aus der Tatsache, daß **C** symmetrisch ist: Die Eigenvektoren stehen senkrecht aufeinander und bilden somit eine orthonormale Basis für den J-dimensionalen Raum. Sie erfüllen unsere Forderung, die Varianz der Komponenten der ursprünglichen I Punkte zu maximieren, und lassen sich jeweils auf die Länge Eins normieren und in eine (J,J)-Matrix **E** spaltenweise einordnen.[6] Der dem größten Eigenwert zugehörige (normierte) Eigenvektor $\mathbf{e}_1$ definiert die Achse, entlang der die Summe der Varianz der Punktkomponenten bzw. -projektionen maximal ist. Der zum nächstgrößten Eigenwert zugehörige Eigenvektor $\mathbf{e}_2$ definiert eine hierzu sich orthogonal verhaltende Achse, entlang der die nächste Summe der Varianz der Punktprojektionen wiederum möglichst groß wird, usw. Es können J verschiedene Eigenvektoren gefunden werden.

Die von uns gesuchte alternative Basis zur Darstellung der durch **X** definierten Punktwolke wird also durch die kanonische Zerlegung der zu **X** zugehörigen symmetrischen Kovarianz-Matrix **C** festgestellt:

---

5. Über die Eigenschaften von Eigenwerten und Eigenvektoren von symmetrischen Matrizen siehe z.B. Green, W. (1990), S. 32 ff.

6. Im Rahmen einer zweidimensionalen Darstellung lassen sich die Komponenten von **e** jeweils als Richtungskosinus einer Achsenrotation aufzufassen, denn die Summe ihrer Quadrate ergibt 1. Die Umorientierung der Punkte auf ein neues Achsensystem im zweidimensionalen Raum läßt sich dann geometrisch einsichtig vorführen. Siehe hierzu Green, P.E. und Carroll, J.D. (1976), S. 210 ff.

$$\mathbf{C} = \mathbf{E}\ \mathbf{D}\ \mathbf{E}' \qquad \text{(VI.2.2)}$$

Die Positionen der I Punkte entlang der neuen Achsen lassen sich anhand der Matrizenoperation

$$\mathbf{X}\ \mathbf{E} = \mathbf{Z}$$

bestimmen.[7] $\mathbf{X}$ ist dabei die (spaltenzentrierte) Ausgangsmatrix. In den Zeilen von $\mathbf{Z}$ stehen dann die Koordinaten der I Punkte in Bezug auf jeweils den j-ten neuen Basisvektor. Die tatsächliche Projektion eines Punktes bzw. Vektors $\mathbf{x}$ ist folglich der Vektor $(\mathbf{x}'\mathbf{e})\mathbf{e}$.

Die für die λ_j gefundenen Werte, die in der Diagonalmatrix $\mathbf{D}$ stehen, geben die durch eine entsprechende Linearkombination der ursprünglichen Basisvektoren maximal erreichbare Varianz der Punkte entlang jeweils einer neuen Dimension an. Mit anderen Worten, die Varianz einer jeden Spalte von $\mathbf{Z}$ ist gleich ihrem jeweiligen Eigenwert.[8] Dieses Ergebnis wird unmittelbar einsichtig, wenn man (VI.2.2) wie folgt umformt:

$$\mathbf{D} = \mathbf{E}^{-1}\ \mathbf{C}\ \mathbf{E} = \mathbf{E}'\ \mathbf{C}\ \mathbf{E}$$

Da die Spur einer symmetrischen Matrix gleich der Summe ihrer Eigenwerte ist, bleibt die Gesamtsumme der Varianzen der neuen Linearkombinationen, der sogenannten Hauptkomponenten, gleich der Gesamtvarianzsumme der ursprünglichen Variablen, die sich aus $\mathbf{C}$ einfach berechnen läßt.[9]

---

7. Jedes Skalarprodukt $\mathbf{a}'\mathbf{b}$ kann man geometrisch deuten als das Produkt aus dem ersten Vektorbetrag und der senkrechten Projektion des zweiten Vektors auf den ersten (unter Beachtung des Vorzeichens). Die Länge der orthogonalen Projektion eines Vektors $\mathbf{x}$ auf einen Unterraum, der durch einen Einheitsvektor $\mathbf{e}$ definiert wird, ist folglich gleich dem Skalarprodukt von $\mathbf{x}$ und $\mathbf{e}$.
8. Häufig sieht man in der Literatur auch die Transformation $\mathbf{Z}_s = \mathbf{X}_d\ \mathbf{T}\ \mathbf{\Lambda}^{-1/2}$, wobei $\mathbf{X}_d$ die Matrix der mittelwertkorrigierten Ausdaten, $\mathbf{T}$ die Matrix der Eigenvektoren und $\mathbf{\Lambda}^{-1/2}$ die Diagonalmatrix der Inversen der Quadratwurzeln der Eigenwerte darstellen. Die in $\mathbf{Z}_s$ enthaltenen neuen Koordinaten sind dann im Ergebnis standardisiert.
9. Zur Bedeutung der Spur einer symmetrischen Matrix siehe z.B. Green, W. (1990), S. 36.

Wenn sich einer oder gar mehrere Eigenwerte von Null ergeben wissen wir, daß sich die Punktwolke in einen geometrischen System von entsprechend weniger Dimensionen vollständig erfassen läßt. Anders ausgedrückt werden eine geringere Anzahl von Linearkombinationen der ursprünglichen Variablen die in der Tabelle **X** enthaltenen Informationen über die *I* Individuen vollständig wiedergeben.

Es läßt sich darüber hinaus eine Reduktion der Dimensionalität der Punktwolke bzw. eine Verdichtung der Variablen erreichen, wenn man auf die weitere Berücksichtigung von den Eigenvektoren verzichtet, deren zugehörige Eigenwerte besonders klein sind, d.h. die nur einen kleinen Anteil zur Gesamtstreuung der Variablen beitragen. Es gilt dann, zwischen dem entstehenden Informationsverlust und der erreichten Übersichtlichkeit abzuwägen. Hierfür lassen sich keine pauschalen Regelungen aufstellen, sondern es bleibt dem einzelnen überlassen, im Hinblick auf die jeweils untersuchte Fragestellung die Aufmerksamkeit auf die wesentlich erscheinenden Dimensionen zu beschränken.

Wenn zwei der neuen Hauptachsen bzw. Linearkombinationen einen überproportional großen Anteil der Gesamtstreuung der Variablen aufnehmen, läßt sich ein angenähertes Bild der Struktur der in **X** enthaltenen Variableninformationen über die *I* Individuen in einem zweidimensionalen Diagramm vermitteln. Zu diesem Zweck werden die Individuenpunkte anhand ihrer Positionen auf den beiden neuen Achsen dargestellt. Individuen, die durch die *J* Variablen als ähnlich beschrieben werden bzw. eine hohe Korrelation untereinander aufweisen, liegen in einem solchen Diagramm nahe aneinander. Punkte mit größeren Entfernungen voneinander werden stark unterschiedliche Individuen beschreiben.

Natürlich wird bei der Reduktion der Darstellung einer großen Punktwolke im multidimensionalen Raum auf ein zweidimensionales Diagramm keine perfekte Wiedergabe der Datenstruktur möglich sein, es wird sich aber um eine bestmögliche Anpassung i.S. der Kleinstquadratlösung einer orthogonalen Regression handeln. In einem solchen Fall wird die *Güte der Anpassung* der zweidimensionalen Darstellung A (2) an die Originaldaten als Prozentsatz der erhaltenen Varianz der ursprünglichen Punktkonstellation definiert:

$$A\ (2) = \lambda_1 + \lambda_2 \ / \ \Sigma\ \lambda_i$$

IV.5. Weitergehende Bemerkungen

Weniger anschaulich ausgedrückt läßt sich durch das eben dargestellte Verfahren einer kanonischen Zerlegung der symmetrischen Matrix **X'X**, d.h. der Kovarianz-Matrix **C**, die *Zeilenstruktur* der Matrix **X** untersuchen. Man beachte in diesem Zusammenhang nochmals, daß die Werte in **X** als spaltenweise standardisiert angenommen werden. Sollten die *J* Spalten von **X** interessieren, d.h. eine Verdichtung der *I* Zeilenvariablen angestrebt werden, so kann man mit einer entsprechend zeilenweise standardisierten Matrix **X'** wie oben weiter verfahren. In diesem Fall erfolgt letztlich eine kanonische Zerlegung von **XX'** zur Abbildung der Spaltenstruktur von **X**. Allerdings ist wegen der zeilen- oder spaltenspezifischen Standardisierung von **X** mit der HKA keine *gleichzeitige* Analyse der Zeilen- und Spaltenstruktur von **X** mittels Zerlegung einer einzigen Matrix möglich, sondern es müssen nacheinander die beiden Matrixprodukte berechnet und analysiert werden.

Die der KA zugrundeliegende Mathematik läßt sich im Kern ebenfalls als kanonische Zerlegung einer besonderen symmetrischen Matrix beschreiben. Hier lassen sich Zeilen- und Spaltenproblem gleichzeitig lösen; d.h. es ergeben sich die gleichen von Null verschiedenen Eigenwerte. In der Praxis werden daher häufig die KA-Abbildungen der Zeilen- und Spaltenstruktur in einem gemeinsamen Diagramm untergebracht. In der Literatur wird zur Darstellung der KA grundsätzlich auf Konzepte wie *singular value decomposition (SVD)* oder *basic structure* zur Zerlegung einer reellen rechteckigen (I,J)-Matrix zurückgegriffen. Eine geometrische Deutung dieser Zerlegung ist jedoch schwierig. Im folgenden Kapitel soll daher das Verfahren der KA auf der Basis der kanonischen Zerlegung einer symmetrischen Matrix analog dem der HKA ausgebreitet werden.

Kapitel V: Darstellung der Korrespondenzanalyse

V.1. Einführende Bemerkungen

Das Anliegen der einfachen KA besteht in der Analyse der inneren Struktur einer (aggregierten) Häufigkeitstabelle und der Darstellung dieser Struktur in einem geometrischen Modell. Anhand dieses Modells kann anschließend eine niedrigdimensionierte Datenabbildung erzeugt werden.

In der Literatur liegen einige Ausarbeitungen der Mathematik der KA vor. Beachtenswert sind insbesondere die englischsprachigen Ausführungen von Greenacre (1981, 1984b) sowie Weller und Romney (1990). Auf Deutsch sind kürzere Einführungen in die KA von Backhaus und Meyer (1988) sowie Fricke (1990) erschienen. Jambu (1992) ist die deutschsprachige Übersetzung eines neueren französischen Originaltexts. Im Unterschied zu diesen Texten wird jedoch in der vorliegenden Arbeit das Verfahren der KA in enger Anlehnung an das der HKA entwickelt.

Die nachfolgende Darstellung der KA folgt den in Kapitel IV aufgestellten Schritten:

1. Definition einer Punktwolke in einem multidimensionalen Vektorraum;
2. Definition einer Metrik für diesen Raum;
3. Einpassung der Punktwolke in einen niedrigdimensionierten Unterraum, auf den die Punkte projiziert werden.

V.2. Definition einer Punktwolke in einem multidimensionalen Vektorraum

Die Ausgangsdaten einer KA befinden sich wie bisher in einer zweidimensionalen Datenmatrix vom Typ $I \times J$. Diese Matrix kann z.B. Beobachtungswerte für eine Gruppe von I Individuen oder Objekte über J verschiedene Merkmale enthalten. Ein Beispiel für eine solche Art von Matrix wäre die Auflistung von Qualitätstestergebnissen für verschiedene Produkte, wobei jede Zeile sich auf ein bestimmtes Produkt und jede Spalte sich auf einen bestimmten Test beziehen würde. Die Werte könnten in einem solchen Fall entweder rational oder kardinal skaliert sein. Es kann sich aber auch um eine Matrix in der klassischen Form einer

Häufigkeitstabelle handeln, wo die Zelleneintragungen tatsächliche Häufigkeiten der entsprechenden kreuztabulierten Variablen darstellen. Beispielsweise könnten die Zeilenvariablen verschiedene Einzelhandelsgeschäfte in unterschiedlichen geographischen Regionen und die Spaltenvariablen verschiedene Produkte sein. Die Zelleneintragungen würden dann die Verkaufshäufigkeiten der Produkte in den einzelnen Geschäften anzeigen.

In der Praxis bezieht sich die KA keineswegs immer auf eine klassische Kontingenztabelle, sondern eine analoge Behandlung anderer Matrixeintragungen ist denkbar. Allerdings ist nur bei Kontingenztabellen die Begründung der von der KA verwendeten Metrik einigermaßen zwanglos; für die folgenden Entwicklungen wird daher eine Häufigkeitstabelle als Zusammenfassung der Ausgangsdaten vorausgesetzt. Eine Übertragung des Mechanismus der KA auf andere Tabellen, die nicht Kontingenztabellen sind, ist möglich, sofern diese nur positive Eintragungen aufweisen. Mit Hilfe der KA können dann sowohl die Zeilen- wie auch die Spaltenstruktur der Matrix als Punktwolke im Raum dargestellt werden. Es ist anschließend möglich, eine vereinfachte Darstellung beider Punktwolken *innerhalb desselben Diagramms* zu erreichen.

Anders als bei der HKA werden nicht die (standardisierten) absoluten Eintragungen der betrachteten Tabelle zur geometrischen Darstellung benutzt, sondern *relative* Werte. Jede Zeile oder Spalte der Matrix wird durch einen Vektor, dessen Komponenten sich analog einer bedingten Häufigkeitsverteilung berechnen lassen, repräsentiert und anschließend als Punkt im Raum gedeutet. Man nennt einen solchen Vektor, dessen Komponenten die einzelnen Eintragungen der Zeile oder Spalte einer Datenmatrix x_{ij} geteilt durch die jeweilige Zeilen-(Spalten-)summe $x_{i.}$ $(x_{.j})$ sind, ein *Profil*. Die Summe der Komponenten eines jeden Profils beträgt Eins.

Die Ausgangsdatenmatrix **X** hat die bekannte Form:

$$\mathbf{X} = (x_{ij}) = \begin{bmatrix} x_{11} & . & . & . & x_{1J} \\ . & & & & . \\ . & & & & . \\ . & & & & . \\ x_{I1} & . & . & . & x_{IJ} \end{bmatrix}$$

Jede Zeile von **X** wird im geometrischen Modell durch ein Zeilenprofil r'_i, jede Spalte durch ein Spaltenprofil c_j repräsentiert. Bei der weiteren Analyse von **X** wird häufig auf Parallelitäten oder sog. *Dualitäten* zwischen Zeilen- und Spaltenstruktur der Matrix hingewiesen werden. Die Profile können als zwei Matrizen **R** bzw. **C´** angeordnet werden.

Matrix der Zeilenprofile **R**:

$$\mathbf{R} = (r_{ij}) = \begin{bmatrix} x_{11}/x_{1.} & . & . & x_{1J}/x_{1.} \\ . & & & . \\ . & & & . \\ . & & & . \\ x_{I1}/x_{I.} & . & . & x_{IJ}/x_{I.} \end{bmatrix} = \begin{bmatrix} r'_1 \\ . \\ . \\ . \\ r'_I \end{bmatrix}$$

Matrix der Spaltenprofile **C´**:

$$\mathbf{C}' = (c_{ij}) = \begin{bmatrix} x_{11}/x_{.1} & . & . & x_{1J}/x_{.J} \\ . & & & . \\ . & & & . \\ . & & & . \\ x_{I1}/x_{.1} & . & . & x_{IJ}/x_{.J} \end{bmatrix} = \begin{bmatrix} c_1 & . & . & . & c_J \end{bmatrix}$$

Die Zeilensummen von **R** sowie die Spaltensummen von **C´** betragen offensichtlich Eins.

Indem jede Zelle der Ausgangstabelle **X** durch die Gesamtsumme aller

Eintragungen $x_{..}$ geteilt wird, bestimmen wir die sogenannte *Korrespondenzmatrix* **P**, eine Art Matrix der relativen Häufigkeiten bezogen auf die Ausgangstabelle. Die Summe aller Eintragungen in **P** beträgt Eins. Aus **P** lassen sich wiederum Zeilen- und Spaltensummen $p_{i.}$ und $p_{.j}$ berechnen und anschließend in die Diagonalmatrizen $\mathbf{D_r}$ und $\mathbf{D_c}$ plazieren:

$$\mathbf{D_r} = (d_{rij}) = \begin{cases} p_{i.} & \text{für } i = j \\ 0 & \text{sonst.} \end{cases}$$

$$\mathbf{D_c} = (d_{cij}) = \begin{cases} p_{.j} & \text{für } i = j \\ 0 & \text{sonst.} \end{cases}$$

Die Spur dieser beiden Diagonalmatrizen ist jeweils ebenfalls Eins. Die $p_{i.}$ bzw. $p_{.j}$ lassen sich hierbei analog den Randverteilungen einer zweidimensionalen Häufigkeitsverteilung, zusammengefaßt in der Tabelle **P**, interpretieren.

Man erhält dann die Matrizen **R** der Zeilenprofile und **C'** der Spaltenprofile von **X** auch aus den beiden Matrizenoperationen[1]

$$\mathbf{R} = (1/x_{..})\mathbf{D_r}^{-1}\mathbf{X} = \mathbf{D_r}^{-1}\mathbf{P} \qquad \text{(V.2.1)}$$

$$\mathbf{C'} = (1/x_{..})\mathbf{X}\mathbf{D_c}^{-1} = \mathbf{P}\mathbf{D_c}^{-1}$$

Schauen wir uns nun die in $\mathbf{D_r}$ bzw. $\mathbf{D_c}$ enthaltenen Zeilen- und Spaltensummen $p_{i.}$ und $p_{.j}$ der Korrespondenzmatrix **P** genauer an. Diese werden in der KA als ***Massen*** interpretiert, die die Gewichtung bestimmen,

---

1. Dies läßt sich für die Matrix der Zeilenprofile **R** leicht zeigen, wenn wir erinnern, daß $x_{i.}/x_{..} = p_{i}$:
$\mathbf{R} = x_{ij}/x_{i.} = x_{ij}x_{..}/x_{i.}x_{..} = x_{ij}/x_{..}p_{i.} = p_{ij}/p_{i.} = \mathbf{D_r}^{-1}\mathbf{P}$.
Für **C'** verläuft der Beweis analog.

mit der die einzelnen Profile bzw. Punkte in die weitere Analyse eingehen. Die $p_{i.}$ bezeichnen dabei die den Zeilenprofilen zugeordneten Massen, die $p_{.j}$ die Massen der Spaltenprofile. Je größer also der Anteil einer Zeilen- bzw. Spaltensumme der Ausgangsdatenmatrix **X** an der Gesamtsumme $x_{..}$ ist, desto höhere Gewichtung erhält später das betreffende Profil durch eine proportionale Mehrfachzählung beim Bestimmen des optimalen Unterraums für die Punktwolke.

Definieren wir nun $\boldsymbol{\rho}$ als Spaltenvektor der Massen $p_{i.}$ der Zeilenprofile r'_i:

$$\boldsymbol{\rho} = (\rho_i) = \begin{bmatrix} p_{1.} \\ . \\ . \\ . \\ p_{I.} \end{bmatrix} = \begin{bmatrix} x_{1.}/x_{..} \\ . \\ . \\ . \\ x_{I.}/x_{..} \end{bmatrix} \quad , \text{ also } p_{i.} = \rho_i$$

so ist $\boldsymbol{\rho}$ gleichzeitig Durchschnittsspaltenprofil bei Gewichtung der Spaltenprofile c_j mit ihren Massen $p_{.j}$, denn die i-te Komponente des Durchschnittsspaltenprofils ist

$$\begin{aligned} & (x_{i1}/x_{.1})p_{.1} + \ldots + (x_{iJ}/x_{.J})p_{.J} \\ = \quad & (x_{i1}/x_{.1})(x_{.1}/x_{..}) + \ldots + (x_{iJ}/x_{.J})(x_{.J}/x_{..}) \\ = \quad & x_{i1}/x_{..} + \ldots + x_{iJ}/x_{..} \\ = \quad & x_{i.}/x_{..} \\ = \quad & p_{i.} \end{aligned}$$

Definieren wir analog $\boldsymbol{\gamma}'$ als Zeilenvektor der Massen $p_{.j}$ der Spaltenprofile c_j, so ist $\boldsymbol{\gamma}'$ hiernach auch Durchschnittszeilenprofil bei Gewichtung der Zeilenprofile r'_i mit ihren Massen $p_{i.}$. Hier wird eine unmittelbare Verbindung zwischen den Zeilen- und Spaltenprofilen deutlich.

Dieser Betrachtung von $\boldsymbol{\rho}$ und $\boldsymbol{\gamma}'$ als gewichteten Durchschnittsprofilen kommt in der KA große Bedeutung zu. Sie werden häufig in geometrischer

Veranschaulichung als Vektoren zu den Schwerpunkten der mit Massen versehenen Spalten- bzw. Zeilenprofilen interpretiert und gelegentlich "Zentroide" (von dem englischen Wort "centroid") genannt. Eine bessere Bezeichnung wäre "Massenmittelpunkt" (aus der Physik).

Wir wollen uns an dieser Stelle noch einige grundsätzliche Gedanken zur Struktur der Punktwolke machen, die unsere Ausgangsdatenmatrix $\mathbf{X}$ repräsentiert. In den folgenden geometrischen Betrachtungen beziehen wir uns zunächst auf die Zeilenprofile $\mathbf{r}'_i$ und ihre Massen $p_{i.}$ bzw. ρ_i sowie das Durchschnittszeilenprofil $\boldsymbol{\gamma}'$. Nach Transponierung unserer Ausgangsmatrix $\mathbf{X}$ würden analoge Ergebnisse auch für die Spaltenprofile gelten.

Jede der I Zeilen unserer Häufigkeitstabelle $\mathbf{X}$ stellt in der geometrischen Veranschaulichung einen Punkt dar, dessen Koordinaten im entsprechenden Zeilenprofil $\mathbf{r}'_i$ enthalten sind. Dabei liegen die Vektorspitzen ähnlicher Profile nahe bei einander. Diese Punkte denken wir uns jeweils mit den Massen ρ_i gewichtet. Das Durchschnittszeilenprofil $\boldsymbol{\gamma}'$ wird als Punkt der Masse Eins (die deshalb nicht explizit in Erscheinung tritt) interpretiert. Es tendiert in die Richtung der besonders massereichen Profile. Der Raum, in dem die Punktwolke der I Zeilen von $\mathbf{X}$ samt ihrem Schwerpunkt $\boldsymbol{\gamma}'$ untergebracht ist, wird durch die J Spalten von $\mathbf{X}$ aufgespannt; jedes $\mathbf{r}'_i$ sowie $\boldsymbol{\gamma}'$ haben J Komponenten. Die Summe der Komponenten eines jeden Profils (auch des Vektors zum Massenmittelpunkt) ergibt Eins, d.h. alle Profile haben das gleiche Skalarprodukt Eins mit dem Vektor $\mathbf{1}_J$. Folglich liegen die Zeilenprofilpunkte in einem Raum $\mathbf{R}$ der Dimensionalität J-1 (oder weniger).

Im weiteren Vorgehen besteht das Ziel der KA in der Angabe eines Minimalsatzes von neuen Basisvektoren für $\mathbf{R}$, so daß alle $\mathbf{r}'_i$ unter Berücksichtigung der durch $\boldsymbol{\rho}$ ausgedrückten Massenbelegung als Linearkombination dieser Basisvektoren eindeutig geschrieben werden können. Darüber hinaus streben wir wiederum das Ziel der Datenvereinfachung, d.h. der Reduktion der Dimensionalität unserer Punktwolke, an. Es wäre also wünschenswert, einen Unterraum von $\mathbf{R}$ von möglichst geringer Dimensionalität zu finden, der einigermaßen "nahe" an sämtliche Datenpunkte heranreicht. Hier soll der gesuchte Unterraum näher an den massereichen Punkten liegen, während weitere Abstände des Unterraums zu Punkten geringerer Gewichtung eher toleriert werden können. Zur Erreichung dieses Zieles benötigen wir zunächst eine Meßvorschrift, um die Abstände zwischen den gewichteten Punkten innerhalb von $\mathbf{R}$ zu bestimmen. Es wird an dieser Stelle ersichtlich, daß die HKA ein ähnliches Anliegen wie die KA verfolgt, jedoch u.a. unter der vereinfachenden Annahme einheitlicher Gewichtung der betrachteten Punkte.

V.3. Definition der Metrik für den Vektorraum

In dem der HKA zugrundeliegenden räumlichen Modell haben wir die einfache ungewichtete euklidische Metrik verwendet. Der quadrierte Abstand d^2 zwischen den Endpunkten zweier beliebiger Vektoren $\mathbf{x}_i$, $\mathbf{x}_k$ ließ sich unmittelbar aus dem Satz des Pythagoras ableiten und durch das Skalarprodukt des Differenzvektors mit sich selbst ausdrücken:

$$d^2\ (\mathbf{x}_i,\ \mathbf{x}_k) = (\mathbf{x}_i - \mathbf{x}_k)'(\mathbf{x}_i - \mathbf{x}_k) = \Sigma_j\ (x_{ij} - x_{kj})^2$$

Die KA hingegen spielt sich in einem *gewichteten* euklidischen Raum ab, in dem

$$\mathbf{x}_i\ \mathbf{D}_q\ \mathbf{x}_k = \Sigma_j\ q_j\ x_{ij}\ x_{kj}$$

als Skalarprodukt zwischen zwei Vektoren $\mathbf{x}_i$ und $\mathbf{x}_k$ definiert ist. Die positiven Zahlen $q_1 \ldots q_J$, die in der Diagonalmatrix $\mathbf{D}_q$ enthalten sind, definieren dabei die jeweilige Gewichtung der J verschiedenen Dimensionen zueinander. Der quadrierte Abstand zwischen zwei Punkten $\mathbf{x}_i$, $\mathbf{x}_k$ in einem solchen Raum ist folglich eine gewichtete Summe der quadrierten Koordinatendifferenzen:

$$d^2\ (\mathbf{x}_i,\ \mathbf{x}_k) = (\mathbf{x}_i - \mathbf{x}_k)'\ \mathbf{D}_q\ (\mathbf{x}_i - \mathbf{x}_k) = \Sigma_j\ q_j\ (x_{ij} - x_{kj})^2$$

Für den ungewichteten euklidischen Raum der HKA kann man sich die Diagonalmatrix $\mathbf{D}_q$ als Einheitsmatrix bzw. als eine Diagonalmatrix mit jeweils gleichen, von Null verschiedenen Diagonalelementen vorstellen.

Die KA verwendet bei der Abstandsbestimmung zwischen zwei Profilpunkten als Gewichte an der Stelle der q_j die Inversen der jeweiligen Komponenten des zugehörigen Durchschnittsprofils, die in den Diagonalmatrizen $\mathbf{D}_c^{-1}$ und $\mathbf{D}_r^{-1}$ stehen. Es wurde bereits gezeigt, daß die Komponenten des Durchschnittszeilenprofils $\mathbf{r}'$ gleichzeitig die Massen der Spaltenprofile darstellen; Entsprechendes gilt für die Komponenten des Durchschnittsspaltenprofils und den Massen der Zeilenprofile. Als Folge der Berücksichtigung der Diagonalmatrizen $\mathbf{D}_c^{-1}$ und $\mathbf{D}_r^{-1}$ bei der Abstandsbestimmung der KA werden die Beiträge der unterschiedlich stark belegten Kategorien der Datenmatrix $\mathbf{X}$ zur metrischen Struktur des Raumes ausgeglichen.

Der quadrierte Abstand zwischen zwei Zeilenprofilen in $\mathbf{R}$ ergibt sich demzufolge als

$$d^2(\mathbf{r}_i, \mathbf{r}_k) = (\mathbf{r}_i - \mathbf{r}_k)' \, \mathbf{D}_c^{-1} \, (\mathbf{r}_i - \mathbf{r}_k) \qquad \text{(V.3.1)}$$

Diese gewichtete euklidische Metrik wird als χ^2-Metrik bezeichnet. Ein nach ihr berechneter Abstand zwischen zwei Vektoren ist stets nichtnegativ, symmetrisch und erfüllt die Dreiecksungleichung.[2]

Geometrisch betrachtet kann man die χ^2-Metrik als Veränderung der Achseneinheiten im ursprünglichen kartesischen Koordinatensystem interpretieren: Die neuen Einheiten verhalten sich umgekehrt proportional zu ihren jeweiligen Massen. Der Raum in $\mathbf{R}$ wird also gegenüber dem euklidischen Raum achsenabhängig gestreckt (offensichtlich sind die Diagonalelemente von $\mathbf{D}_c^{-1}$ alle größer als Eins). Dabei werden die Werte der Koordinaten, die sich auf schwach besetzte Kategorien beziehen,

---

2. Für den entsprechenden Nachweis siehe z.B. Fricke, D. (1990), S. 20ff.

gegenüber den anderen Koordinatenwerten relativ vergrößert.

Die gewichtete Metrik läßt sich folglich mittels einer Umdefinition der Profile erfassen. Es sei:

$$\mathbf{r}_i^{*\prime} = \mathbf{r}_i' \mathbf{D}_c^{-1/2} \qquad \text{(V.3.2)}$$

d.h. die Komponenten der einzelnen Zeilenvektoren $\mathbf{r}_i'$ werden durch die Quadratwurzel der entsprechenden Komponente des Durchschnittszeilenprofils geteilt.

Sodann läßt sich die in **R** gültige gewichtete Metrik

$$d^2(\mathbf{r}_i, \mathbf{r}_k) = (\mathbf{r}_i - \mathbf{r}_k)' \mathbf{D}_c^{-1} (\mathbf{r}_i - \mathbf{r}_k)$$

auch als

$$d^2(\mathbf{r}_i, \mathbf{r}_k) = d^{*2}(\mathbf{r}_i^*, \mathbf{r}_k^*) = (\mathbf{r}_i^* - \mathbf{r}_k^*)' (\mathbf{r}_i^* - \mathbf{r}_k^*)$$

formulieren. Mit anderen Worten, die euklidische Distanz zwischen den umdefinierten Profilkoordinaten resultiert in dem gewünschten χ^2-Abstand.

Die χ^2-Metrik läßt sich aus Überlegungen zum χ^2-Test der Unabhängigkeit der Merkmale einer zweidimensionalen Verteilung, die in einer Häufigkeitstabelle ähnlich unserer Datenmatrix **X** enthalten ist, herleiten. Bei der χ^2-Analyse untersucht man die Abweichungen bedingter Verteilungen von der erwarteten (gewichteten) Durchschnittsverteilung und berechnet dazu die Größe $\chi^2 = \chi_1^2 + \ldots + \chi_I^2$ als Abhängigkeitsmaß. Unter Beachtung der Freiheitsgrade wird dieser Wert später mit den kritischen Punkten der χ^2-Verteilung verglichen. Hierbei lautet die H_0-Hypothese: Unabhängigkeit der Zeilen- bzw. Spaltenvariablen oder Rang Eins der Korrespondenzmatrix **P** einer hypothetischen Population.

Bei einer Überprüfung der Unabhängigkeit der in **X** erfaßten Variablen würde man rechnen:

$$\begin{aligned}\chi_i^2 &= (x_{i1} - x_{i.}\gamma_1)^2/x_{i.}\gamma_1 + \ldots + (x_{iJ} - x_{i.}\gamma_J)^2/x_{i.}\gamma_J \\ &= x_{i.}\ (r_{i1} - \gamma_1)^2/\gamma_1 + \ldots + x_{i.}\ (r_{iJ} - \gamma_J)^2/\gamma_J \\ &= x_{i.}\ (\mathbf{r}_i - \boldsymbol{\gamma})'\ D_c^{-1}\ (\mathbf{r}_i - \boldsymbol{\gamma}) \qquad \text{(V.3.3)}\end{aligned}$$

Unser quadriertes Abstandsmaß in (V.3.1) heißt also χ^2-Abstand, weil es der χ^2-Statistik um den Faktor der Zeilensumme $x_{i.}$ proportional ist, wie man beim Vergleich von (V.3.3) mit einem nach (V.3.1) bestimmten Abstand zwischen einem Zeilenprofil $\mathbf{r}_i'$ und dem Durchschnittszeilenprofil $\boldsymbol{\gamma}'$ erkennen kann. Es gibt also eine Verbindung zwischen der χ^2-Statistik und dem nach dieser Metrik berechneten Abstand der Punkte untereinander: Sind die empirisch erhobenen Profile voneinander unabhängig, so wäre das berechnete χ^2 signifikant, bzw. man wird einen großen Abstand zwischen den einzelnen Punkten beobachten. So gesehen ist die Verwendung der χ^2-Metrik bei der KA eigentlich nur von einer echten Kontingenztabelle her einsichtig.[3]

Die Wahl dieses Abstandsmaßes bei der KA ist jedoch verantwortlich für die geometrische Korrespondenz und Symmetrie der Zeilen und Spalten, die schließlich eine Abbildung von Zeilen- und Spaltenstruktur innerhalb ein und desselben Diagramms ermöglichen. Auf diese für die KA charakteristische Eigenheit wird im weiteren noch detaillierter eingegangen.

Es gilt weiterhin nach (V.3.3):

---

3. Darüber hinaus genügt die χ^2-Metrik dem Prinzip der Verteilungsäquivalenz: Diese einzigartige Eigenschaft der χ^2-Abstandsfunktion garantiert die Stabilität der Abstände zwischen den Zeilen- (Spalten-)punkten auch dann, wenn Spalten (Zeilen) in unserer Ausgangsmatrix in weitere ähnliche Komponenten aufgeteilt oder wenn ähnliche Spalten (Zeilen) addiert werden.

$$\chi_i^2/x_{..} = \rho_i\ (r_i - \gamma)'\ D_c^{-1}\ (r_i - \gamma)$$

und

$$\chi^2/x_{..} = \Sigma_i\ \rho_i\ (r_i - \gamma)'\ D_c^{-1}\ (r_i - \gamma) = in\ (I) \quad (V.3.4)$$

Diesen letzten Ausdruck nennen wir das Gesamtträgheitsmoment der mit den Massen ρ_i belegten Zeilenpunktkonfiguration um den Zeilenschwerpunkt, oder die (totale) *Inertia in* (I) der *I* Zeilenprofilvektoren. "Inertia" (englisch) heißt auf Deutsch "Trägheit". Eigentlich müßte man "moment of inertia" sagen, auf Deutsch "Trägheitsmoment".

in (I) läßt sich als eine Art zweifach gewichtetes Streuungsmaß der Profilpunkte um ihren Schwerpunkt interpretieren. Die $\chi_i^2/x_{..}$ sind dabei die Anteile, die von den einzelnen, mit ihren jeweiligen Gewichten ρ_i versehenen Profilpunkten beigesteuert werden. Sie beinhalten die um ρ_i modifizierten Entfernungen der einzelnen Profilpunkte vom Schwerpunkt, d.h. massereiche Punkte tragen entsprechend mehr zur Gesamtträgheit *in* (I) bei als Punkte mit geringeren Massen. Die Abstände selber berechnen sich nach Formel (V.3.1), bei der die einzelnen Koordinatenachsen mit der Inverse der jeweiligen Komponente des Durchschnittszeilenprofils γ' gewichtet werden.

Es zeigt sich, daß die Gesamtinertia *in* (I) der Zeilenpunktwolke gleich der Gesamtinertia *in* (J) der Spaltenpunktwolke ist. Dies ist ein wichtiger Aspekt im Hinblick auf eine noch genauer festzustellende Dualität der Zeilen- und Spaltenstruktur von **X**. Die *in* (J) ist nämlich analog definiert als:

$$in\ (J) = \Sigma_j\ \gamma_j\ (c_j - \rho)'\ D_r^{-1}\ (c_j - \rho)$$

Nun können wir für *in* (I) auch schreiben:

$$in\ (I) = \Sigma_i\ \rho_i\ \Sigma_j\ (x_{ij}/x_{i.} - \gamma_j)^2\ /\ \gamma_j$$

$$= \Sigma_i \rho_i \Sigma_j (p_{ij}/p_{i.} - \gamma_j)^2 / \gamma_j$$

$$= \Sigma_i \rho_i \Sigma_j (p_{ij}/\rho_i - \gamma_j)^2 / \gamma_j$$

$$= \Sigma_i \Sigma_j (p_{ij} - \rho_i\gamma_j)^2 / \rho_i\gamma_j$$

Entsprechend gilt für *in* (J):

$$in\ (J) = \Sigma_j \gamma_j \Sigma_i (x_{ij}/x_{j.} - \rho_i)^2 / \rho_i$$

$$= \Sigma_j \gamma_j \Sigma_i (p_{ij}/p_{j.} - \rho_i)^2 / \rho_i$$

$$= \Sigma_j \gamma_j \Sigma_i (p_{ij}/\gamma_j - \rho_i)^2 / \rho_i$$

$$= \Sigma_i \Sigma_j (p_{ij} - \rho_i\gamma_j)^2 / \rho_i\gamma_j$$

$$= in\ (I) \qquad (V.3.5)$$

Fassen wir zusammen: Wir haben anhand der Zeilen einer Datenmatrix eine Punktwolke in einem multidimensionalen Vektorraum definiert. Zur Berechnung von Skalarprodukten und Abständen zwischen den Profilpunkten werden die Dimensionen unterschiedlich gewichtet. Darüber hinaus werden die absoluten Zeilensummen $x_{i.}$ zueinander ins Verhältnis gesetzt, um die Massen ρ_i zu bestimmen, die den einzelnen Profilen zugeordnet werden. Das Durchschnittszeilenprofil $\boldsymbol{\gamma}'$ stellt einen Vektor zum Schwerpunkt der Zeilenprofile dar. Das Gesamtträgheitsmoment *in* (I) ist ein Maß für die Streuung der Profile um ihren Schwerpunkt. Sowohl $\boldsymbol{\gamma}'$ wie auch *in* (I) sind unabhängig von den absoluten Häufigkeiten in unserer Datenmatrix $\mathbf{X}$ und ändern sich nicht bei Multiplikation der x_{ij} durch irgendeine Konstante k > 0. Bei hervorgehobener Betrachtung der Spaltenprofile ist alles analog (Übergang von $\mathbf{X}$ zu $\mathbf{X}'$). Eine Dualität in der Betrachtung von Zeilen- wie Spaltenprofilen äußert sich in *in* (I) = *in* (J).

V.4. Einpassung der Punktwolke in einen niedrigdimensionierten Unterraum

Das endgültige Ziel der KA besteht in der Reduktion der Dimensionalität der Zeilenprofilpunkte. Um eine graphische Darstellung der Punktwolke zu ermöglichen, wäre eine Verdichtung auf ein oder zwei Dimensionen wünschenswert. Dabei muß darauf geachtet werden, daß sich nur ein "vertretbarer" Informationsverlust gegenüber der ursprünglichen Konfiguration ergibt. Die Entfernungen zwischen Punkten und ihren Projektionen in einem Unterraum berechnen sich dabei anhand der gewichteten euklidischen Metrik nach (V.3.1). Ein optimaler Unterraum $\mathbf{U}$ von einer bestimmten Dimension $K^* < J$ minimiert demnach im Sinne einer orthogonalen Kleinstquadratanpassung ähnlich wie bei der HKA die Summe der um die Massen ρ_i modifizierten gewichteten Abstände zwischen der Menge aller ursprünglichen Punkte $\mathbf{r}_i$ und ihren entsprechenden Projektionen $\underline{\mathbf{r}}_i$, die in $\mathbf{U}$ liegen.

Man kann zeigen, daß ein so bestimmter optimaler Unterraum $\mathbf{U}$ das Durchschnittszeilenprofil $\mathbf{r}$ enthalten muß.[4] Geometrisch betrachtet läßt sich dann das weitere Vorgehen der KA so beschreiben, daß man in dem gewichteten euklidischen Raum $\mathbf{R}$ ein kartesisches Koordinatensystem einführt, welches seinen Ursprung in der Spitze des Vektors $\mathbf{r}$ haben soll und einen K^*-dimensionalen Unterraum $\mathbf{U}$ aufspannt, d.h. über K^* verschiedene, paarweise zueinander orthogonale Achsen verfügt (mit $K^* < J$). In einem nächsten Schritt versucht man dann wie in der einfachen HKA, bei gegebenen Entfernungen zwischen den einzelnen Profilpunkten $\mathbf{r}_i$ und ihrem gemeinsamen Schwerpunkt $\mathbf{r}$ durch die Festlegung von $\mathbf{U}$ die Längen der Differenzvektoren zwischen den $\mathbf{r}_i$ und ihren Projektionen zu minimieren. Es läßt sich so die bekannte gleichbedeutende Forderung ableiten, daß die Summe der Projektionen der Profilpunkte auf die K^* Achsen von $\mathbf{U}$ maximiert werden soll.

Wir möchten folglich die erste neue Achse durch einen Einheitsvektor $\mathbf{e}_1$

---

4. Siehe Greenacre, M.J. (1984b), S. 44 ff.

derart festlegen, daß die Summe der quadrierten, mit ihren zugehörigen Massen ausgestatteten Projektionen der Differenzvektoren zwischen den $\mathbf{r}_i$ und $\mathbf{r}$ maximal ist. Die zweite Achse werde durch einen Einheitsvektor $\mathbf{e}_2$, der senkrecht auf $\mathbf{e}_1$ steht, analog festgelegt, usw. Gegenüber der HKA müssen wir in der KA dabei berücksichtigen, daß wir es mit massebeladenen Punkten im gewichteten euklidischen Raum zu tun haben. Dieses läßt sich durch Verwendung der in (V.3.2) entsprechend umdefinierten Vektoren bei der Skalarproduktsberechnung erreichen. Anschließend streben wir an, die Massepunkte in dem System neuer Basisvektoren durch Koordinaten zu lokalisieren und sie somit graphisch abbildbar zu machen.

Die Projektion von $(\mathbf{r}_i^* - \mathbf{r}^*)$ auf einen Einheitsvektor $\mathbf{e}$ ist das Skalarprodukt

$$\mathbf{e}'(\mathbf{r}_i^* - \mathbf{r}^*) = (\mathbf{r}_i^* - \mathbf{r}^*)'\mathbf{e}$$

Danach kann die mit der Masse ρ_i multiplizierte quadrierte Projektion geschrieben werden als

$$\mathbf{e}'\rho_i(\mathbf{r}_i^* - \mathbf{r}^*)(\mathbf{r}_i^* - \mathbf{r}^*)'\mathbf{e}$$

Über alle Zeilenpunkte aufsummiert ergibt sich

$$\mathbf{e}'[\Sigma_i \; \rho_i \; (\mathbf{r}_i^* - \mathbf{r}^*)(\mathbf{r}_i^* - \mathbf{r}^*)']\mathbf{e}$$

Dieser Ausdruck ist durch die Wahl von $\mathbf{e}$ zu maximieren. Analog der HKA erreichen wir dieses Ziel durch die kanonische Zerlegung einer symmetrischen, positiv-semidefiniten Matrix, nämlich der Matrix

$$\mathbf{U} = \Sigma_i \; \rho_i \; (\mathbf{r}_i^* - \mathbf{r}^*)(\mathbf{r}_i^* - \mathbf{r}^*)' \text{ vom Typ J,J}$$

Betrachten wir diese Matrix $\mathbf{U}$ einmal etwas genauer. Es gilt für ihre Spur:

$$\mathrm{tr}\,\mathbf{U} = \mathrm{tr}\,\Sigma_i\,\rho_i\,(r_i^* - \mathbf{r}^*)(r_i^* - \mathbf{r}^*)'$$

$$= \mathrm{tr}\,\Sigma_i\,\rho_i\,(r_i^* - \mathbf{r}^*)'(r_i^* - \mathbf{r}^*)$$

$$= \Sigma_i\,\rho_i\,(r_i^* - \mathbf{r}^*)'(r_i^* - \mathbf{r}^*)$$

$$= \Sigma_i\,\chi_i^2/x_{..} = \chi^2/x_{..}$$

was nach (V.3.4) und (V.3.5) *in* (I) bzw. *in* (J), also dem Gesamtträgheitsmoment der mit den Massen belegten Zeilen- *oder* Spaltenpunktkonfiguration um ihren jeweiligen Schwerpunkt entspricht. Dieses Gesamtträgheitsmoment ist also gleich der Summe der Eigenwerte von **U**. Die durch die **e** bestimmten aufeinander senkrecht stehenden Achsen erfassen sukzessive Maxima dieses Gesamtträgheitsmoments. Um eine gute graphische Abbildung zu erreichen, sollte tr **U** durch wenige Achsen möglichst vollständig erfaßt werden.

Als charakteristische Besonderheit der KA ist zu werten, daß sich die Lösungen des Reihen- wie des Spaltenproblems aus der Analyse dieser einzigen Matrix berechnen lassen. Genauer gesagt haben die beiden Matrizen für die Betrachtung der Zeilenprofile (**U**) wie der Spaltenprofile (eine analoge Matrix; nennen wir sie **V**) *die gleichen von Null verschiedenen Eigenwerte*. Mit anderen Worten, die durch die Eigenvektoren bestimmten Hauptachsen der Zeilenprofilwolke wie der Spaltenprofilwolke erfassen die gleichen Mengen des Gesamtträgheitsmoments der beiden mit Massen ausgestatteten Punktkonfigurationen. Es wurde bereits gezeigt, daß *in* (I) = *in* (J) ist. Im folgenden soll demonstriert werden, daß sich die Lösung des Problems bezüglich der Spaltenprofile aus der Lösung des Zeilenprofilproblems ergibt, und umgekehrt.

Für **U** können wir auch wieder schreiben:

$$\mathbf{U} = \Sigma_i\,\rho_i\,D_c^{-1/2}\,(r_i - \mathbf{r})\,(r_i - \mathbf{r})'\,D_c^{-1/2}$$

$$= D_c^{-1/2}\,[\Sigma_i\,\rho_i\,(r_i - \mathbf{r})\,(r_i - \mathbf{r})']\,D_c^{-1/2}$$

$$= \mathbf{D_c}^{-1/2} \left[(\mathbf{R}' - \boldsymbol{\gamma}\mathbf{1}_I') \mathbf{D_r} (\mathbf{R} - \mathbf{1}_I\boldsymbol{\gamma}') \right] \mathbf{D_c}^{-1/2}$$

$$\mathbf{U} = \mathbf{D_c}^{-1/2} (\mathbf{R} - \mathbf{1}_I\boldsymbol{\gamma}')' \mathbf{D_r} (\mathbf{R} - \mathbf{1}_I\boldsymbol{\gamma}') \mathbf{D_c}^{-1/2} \qquad \text{(V.4.1)}$$

Die **Matrix** $(\mathbf{R} - \mathbf{1}_I\boldsymbol{\gamma}')$ enthält die zentrierten Zeilenprofile, die jeweils mit ihren in der Diagonalmatrix $\mathbf{D_r}$ enthaltenen Massen versehen sind. Mittels der Diagonalmatrizen $\mathbf{D_c}^{-1/2}$ wird der χ^2-Metrik Rechnung getragen.

Durch Vertauschen der entsprechenden Symbole in $\mathbf{U}$ ergibt sich die für die Spaltenprofile zu analysierende Matrix $\mathbf{V}$ als

$$\mathbf{V} = \mathbf{D_r}^{-1/2} (\mathbf{C} - \mathbf{1}_J\boldsymbol{\rho}')' \mathbf{D_c} (\mathbf{C} - \mathbf{1}_J\boldsymbol{\rho}') \mathbf{D_r}^{-1/2} \text{ vom Typ I,I.}$$

Ersetzen wir $\mathbf{C}$ gemäß (V.2.1) durch $\mathbf{D_c}^{-1}\mathbf{R}'\mathbf{D_r}$, können wir $\mathbf{V}$ wie folgt umformen:

$$\mathbf{V} = \mathbf{D_r}^{-1/2} (\mathbf{D_c}^{-1}\mathbf{R}'\mathbf{D_r} - \mathbf{1}_J\boldsymbol{\rho}')' \mathbf{D_c} (\mathbf{D_c}^{-1}\mathbf{R}'\mathbf{D_r} - \mathbf{1}_J\boldsymbol{\rho}') \mathbf{D_r}^{-1/2}$$

$$= \mathbf{D_r}^{-1/2} (\mathbf{D_r}\mathbf{R}\mathbf{D_c}^{-1} - \boldsymbol{\rho}\mathbf{1}_J') \mathbf{D_c} (\mathbf{D_c}^{-1}\mathbf{R}'\mathbf{D_r} - \mathbf{1}_J\boldsymbol{\rho}') \mathbf{D_r}^{-1/2}$$

$$= \mathbf{D_r}^{1/2} (\mathbf{R} - \mathbf{D_r}^{-1}\boldsymbol{\rho}\mathbf{1}_J'\mathbf{D_c}) \mathbf{D_c}^{-1} (\mathbf{R}' - \mathbf{D_c}\mathbf{1}_J\boldsymbol{\rho}'\mathbf{D_r}^{-1}) \mathbf{D_r}^{1/2}$$

$$= \mathbf{D_r}^{1/2} (\mathbf{R} - \mathbf{1}_I\boldsymbol{\gamma}') \mathbf{D_c}^{-1} (\mathbf{R} - \boldsymbol{\gamma}\mathbf{1}_I') \mathbf{D_r}^{1/2}$$

$$\mathbf{V} = \mathbf{D_r}^{1/2} (\mathbf{R} - \mathbf{1}_I\boldsymbol{\gamma}') \mathbf{D_c}^{-1} (\mathbf{R} - \mathbf{1}_I\boldsymbol{\gamma}')' \mathbf{D_r}^{1/2} \text{ vom Typ I,I} \qquad \text{(V.4.2)}$$

Setzt man nun

$$\mathbf{W} = \mathbf{D_c}^{-1/2} (\mathbf{R} - \mathbf{1}_I\boldsymbol{\gamma}')' \mathbf{D_r}^{1/2} \text{ vom Typ J,I}$$

so lassen sich **U** und **V** auch ausdrücken als:

$$\mathbf{U} = \mathbf{W}\mathbf{W}' \tag{V.4.3}$$

$$\mathbf{V} = \mathbf{W}'\mathbf{W} \tag{V.4.4}$$

Man vergewissere sich, daß (V.4.3) und (V.4.4) tatsächlich mit (V.4.1) bzw. (V.4.2) übereinstimmen.

Wir stellten oben bereits fest, daß die Betrachtung der Zeilenprofile zur Bestimmung der Eigenvektoren **e** und zugehörigen Eigenwerte λ von **U** führt. Es gilt also bei Betrachtung der Zeilenprofilwolke, die Lösung der charakteristischen Gleichung

$$(\mathbf{U} - \lambda\mathbf{I})\,\mathbf{e} = (\mathbf{W}\mathbf{W}' - \lambda\mathbf{I})\,\mathbf{e} = \mathbf{0}$$

zu finden. Aus

$$\begin{aligned}(\mathbf{W}'\mathbf{W}\mathbf{W}' - \lambda\mathbf{W}')\,\mathbf{e} &= (\mathbf{W}'\mathbf{W} - \lambda\mathbf{I})\,\mathbf{W}'\mathbf{e} \\ &= (\mathbf{V} - \lambda\mathbf{I})\,\mathbf{W}'\mathbf{e} \\ &= \mathbf{0}\end{aligned}$$

sieht man jedoch, daß **U** und **V** die gleichen von Null verschiedenen Eigenwerte haben, da $\mathbf{W}'\mathbf{e}$ bis auf eine multiplikative Konstante den Eigenvektoren von **V** entspricht. Allerdings werden bei $I \neq J$ die beiden Matrizen eine unterschiedliche Anzahl von Nulleigenwerten aufweisen. Die Eigenvektoren **f** von **V** lassen sich aus den Eigenvektoren **e** von **U** durch Bildung von $\mathbf{W}'\mathbf{e}$ und anschließender Normierung auf die Länge Eins berechnen. Der umgekehrte Weg ist ebenfalls möglich. Falls $I > J$, dann ist das mit **U** verbundene Eigenwertproblem leichter zu lösen. Offensichtlich haben **U** und **V** den gleichen Rang K, mit $K \leq \min(I-1, J-1)$. K kennzeichnet dabei die Dimensionalität unserer beiden Punktwolken.

In der Praxis interessiert jedoch die tatsächliche Bestimmung der Eigenvektoren weniger. Zur graphischen Abbildung müssen nur die Koordinaten der Massepunkte in Bezug auf die neuen Achsen gefunden werden. Analog zur HKA geschieht dies in dieser Darstellung durch Projektion der im gewichteten Raum betrachteten Massepunkte. Wenn wir die zu den Eigenwerten λ_k gehörenden Eigenvektoren $\mathbf{e}_k$ spaltenweise in die Matrix $\mathbf{E}$ einordnen, dann erhalten wir die Positionen der Zeilenprofilpunkte durch:

$$(\mathbf{R}^* - \mathbf{1}_I\mathbf{r}^{*\prime})\mathbf{E} = (\mathbf{R} - \mathbf{1}_I\mathbf{r}')D_c^{-1/2}\mathbf{E} \qquad (V.4.5)$$

Die neuen Positionen der Spaltenprofile berechnen sich analog aus

$$(\mathbf{C}^* - \mathbf{1}_J\mathbf{c}^{*\prime})\mathbf{F} = (\mathbf{C} - \mathbf{1}_J\mathbf{c}')D_r^{-1/2}\mathbf{F}$$

Mittels der gefundenen Koordinaten lassen sich nun die Zeilen- und/oder Spaltenpunkte zur zweidimensionalen Abbildung innerhalb eines Koordinatenkreuzes plazieren.

Da die Hauptachsen von beiden Punktwolken jeweils den gleichen Anteil am Gesamtträgheitsmoment erfassen, werden die Abbildungen von Zeilen- und Spaltenprofilen häufig innerhalb eines gemeinsamen Diagrammes untergebracht. In einer solchen gemeinsamen Abbildung drängt sich dem Betrachter jedoch sofort ein *nicht legitimer Vergleich der Positionen von Zeilen- und Spaltenpunkten* auf. Schließlich sind Entfernungen zwischen Zeilen- und Spaltenpunkten in einer solchen gemeinsamen Abbildung *nicht definiert.*[5] Leider wird diese Tatsache in praktischen Anwendungen der KA immer wieder übersehen.

Die Zeilen- und Spaltenprofile liegen also in *verschiedenen* Räumen, die *Dimensionalität* der beiden Punktwolken ist jedoch *gleich*. Die im Diagramm gezeigten Distanzen zwischen den Zeilenpunkten approximieren Zeilen-χ^2-Abstände, die zwischen den Spaltenpunkten abgebildeten Distanzen sind

---

5. Einige Artikel von Carroll, J.D., Green, P.E. und Schaffer, C.M. (1986, 1987) enthalten den Vorschlag, durch eine veränderte Gewichtung der Raumdimensionen die Interpretierbarkeit der Entfernungen zwischen *allen* Punkten, also auch zwischen Zeilen- *und* Spaltenpunkten, zu ermöglichen. Allerdings weist dieser Ansatz schwerwiegende Probleme auf, wie Greenacre, M.J. (1989) zeigt.

Annäherungen an die Spalten-χ^2-Abstände. Liegen ein Zeilen- und ein Spaltenpunkt nahe beeinander, so läßt sich nicht automatisch eine Abhängigkeit der entsprechenden Zeilen und Spalten in den Daten vermuten. Allerdings wird im folgenden Kapitel auf eine Lösung dieses Problems noch hingedeutet.

Die *Gewichtigkeit* der k-ten Hauptachse wird gegeben durch die Summe der auf sie vereinten Projektionsquadrate unter Berücksichtigung der Massen und entspricht dem jeweils zugehörenden Eigenwert. In Prozent läßt sie sich wie folgt ausdrücken:

$$\lambda_k 100\% / \Sigma_k \lambda_k = \lambda_k 100\% / \mathrm{tr}\ \mathbf{U} = \lambda_k 100\% / \mathrm{tr}\ \mathbf{V} = \lambda_k 100\% / (\chi^2/x..)$$

λ_k ordnet also die Achsen nach der Gewichtigkeit und gliedert entsprechend das Gesamtträgheitsmoment beider Punktwolken auf.

V.5. Zur Darstellung der Korrespondenzanalyse in der Literatur: Die SVD

In den zurückliegenden Abschnitten haben wir das Verfahren der KA in Anlehnung an die Geometrie der HKA bzw. mittels der kanonischen Zerlegung einer symmetrischen Matrix nachgezeichnet. Die Unterschiede zwischen den beiden Verfahren wurden dabei herausgestellt. In der Literatur beschreiten die Autoren einen anderen Weg zur Darstellung der KA. Dabei rücken sie die *singular value decomposition* (SVD) als mathematische Kernoperation zur Erklärung der KA in den Vordergrund. Insbesondere Greenacre räumt in seinem Standardwerk (1984b) der SVD breiten Raum ein. Eine geometrische Interpretation der SVD ist allerdings schwierig.

Die SVD heißt auf Deutsch *orthogonale Normalenform* und beinhaltet die Zerlegung einer I,J-Matrix **A** vom Rang *K* in das Matrixprodukt

$$\underset{I,J}{\mathbf{A}} = \underset{I,K}{\mathbf{U}}\ \underset{K,K}{\mathbf{D}_\alpha}\ \underset{K,J}{\mathbf{V}'} \qquad \text{(V.5.1)}$$

mit $\mathbf{U}'\mathbf{U} = \mathbf{V}'\mathbf{V} = \mathbf{I}$; d.h. die Länge der jeweils paarweise senkrechten

Spaltenvektoren von **U** bzw. Zeilenvektoren von **V**′ ist Eins.[6] Man nennt diese Vektoren die links- bzw. rechtsseitigen *singular vectors* der Matrix **A** (**A** braucht nicht symmetrisch zu sein).

Die in der Diagonalmatrix $\mathbf{D}_\alpha$ enthaltenen *singular values* α_k sind nicht-negativ und in absteigender Ordnung geschrieben. Man kann diese Zerlegung für jede rechteckige Matrix finden und aus ihr die zugehörige KA-Lösung ablesen. Dabei definieren die in **V** enthaltenen *singular vectors* eine orthonormale Basis für den zur Lösung des Zeilenprofilproblems gesuchten optimalen Unterrraum. Die entsprechenden Koordinaten der Zeilenpunkte in Bezug auf diese neue Basis stehen unmittelbar in den Zeilen der Matrix $\mathbf{UD}_\alpha$. Entsprechend Umgekehrtes gilt für die in **U** enthaltene neue Basis für die Spaltenpunkte sowie ihre in $\mathbf{VD}_\alpha$ abzulesenden Koordinaten.

Zur Berücksichtigung von Punktmassen und Dimensionengewichtungen werden an der zu zerlegenden Matrix **A** bei der Berechnung einer KA zuerst noch einige Transformationen durchgeführt. Die in der Literatur geläufigste Darstellung ist dabei eine Art doppelte Standardisierung der Originaldatenmatrix **X**, bei der jede Zelle x_{ij} durch die Quadratwurzel des Produkts der jeweiligen Zeilen und Spaltensummen geteilt wird (i.e. durch das geometrische Mittel der zugehörigen Randsummen):[7]

$$\begin{aligned} x^*_{ij} &= x_{ij} / (\Sigma_i x_{ij} \; \Sigma_j x_{ij})^{1/2} \\ &= x_{ij} / (x_{i.} x_{.j})^{1/2} \end{aligned}$$

In Matrixnotation:

$$\mathbf{X}^* = \mathbf{D}_r^{-1/2} \, \mathbf{X} \, \mathbf{D}_c^{-1/2}$$

---

6. Siehe Fischer, G. (1981), S. 102-5 zur orthogonalen Normalenform.
7. Siehe Greenacre, M.J. (1984b), S. 40; Weller, S.S. und Romney, A.K. (1990), S. 60; du Toit, S.H.C., Steyn, A.G.W. und Stumpf, R.H. (1986), S. 121.

An dieser sogenannten "doppeltzentrierten" Matrix **X*** wird anschließend eine SVD durchgeführt.

Die geometrische Deutung der SVD ist wie gesagt schwierig. Aus diesem Grund wird die SVD von den meisten Autoren als black-box-Operation in ihre Ausführungen zur KA aufgenommen. Allerdings läßt sich die SVD anhand folgender Überlegungen auf die kanonische Zerlegung einer symmetrischen Matrix zurückführen. Sei **A** eine nicht-symmetrische Matrix. Dann gilt nach (V.5.1):

$$\mathbf{A} = \mathbf{U}\ \mathbf{D}\ \mathbf{V}'$$

Durch Multiplikation von **A** mit ihrer Transponierten erhalten wir die symmetrischen Matrizen **P** und **Q**, für die jeweils gilt:

$$\mathbf{P} = \mathbf{A}\ \mathbf{A}' = \mathbf{U}\ \mathbf{D}\ \mathbf{V}'\ \mathbf{V}\ \mathbf{D}\ \mathbf{U}' = \mathbf{U}\ \mathbf{D}_2\ \mathbf{U}'$$

$$\mathbf{Q} = \mathbf{A}'\mathbf{A} = \mathbf{V}\ \mathbf{D}\ \mathbf{U}'\ \mathbf{U}\ \mathbf{D}\ \mathbf{V}' = \mathbf{V}\ \mathbf{D}_2\ \mathbf{V}'$$

Man sieht: Die in **U** enthaltenen linksseitigen *singular vectors* sind die Eigenvektoren von **P**, und die in **V** enthaltenen rechtseitigen *singular vectors* sind die Eigenvektoren von **Q**. Bei den in **D** enthaltenen *singular values* handelt es sich um die Wurzeln der Eigenwerte der symmetrischen Matrizen **P** bzw. **Q**.

Kapitel VI: Zur Anwendung der Korrespondenzanalyse in den Wirtschaftswissenschaften

VI.1. Grundlegende Überlegungen zum Einsatz und zur Interpretation einer Korrespondenzanalyse

Wie in den bisherigen Kapiteln dieser Arbeit herausgestellt, handelt es sich bei den metrischen Skalierungsverfahren um Techniken zur Exploration der in einem Datensatz vorhandenen Strukturen. Insbesondere die KA ist als Methode zur *Datenrepräsentation*, nicht zur *Hypothesenüberprüfung* zu verstehen.

In der Praxis bezieht sich die HKA meist auf eine Datenmatrix, deren Spalten verschiedene standardisierte quantitative Variablen repräsentieren und in deren Zeilen eine homogene Gruppe von Objekten oder Individuen erfaßt wird. Mittels der KA hingegen werden Zeilen und Spalten einer Matrix wie gezeigt auf symmetrische Weise analysiert. Vom theoretischen Standpunkt her ist die HKA eine geeignete Methode zur Untersuchung von Daten, die aus einer multivariaten Normalverteilung stammen. Im Gegensatz dazu bietet sich die KA eher zur Analyse von Daten in Form einer Kontingenztabelle an.

Die KA präsentiert sich damit als eine Abwandlung der HKA, die sich speziell zur Untersuchung von qualitativen oder kategorischen anstatt stetiger Variablen hergibt. Dabei analysiert eine einfache KA eher die Beziehungen, die zwischen den verschiedenen Kategorien zweier Variablen bestehen als zwischen den Variablen an sich. Mit einiger Vorsicht läßt sich die KA aber auch zur Analyse von anderen Datenmatrizen mit nicht-negativen Eintragungen einsetzen. Zu denken ist hierbei in erster Linie an Indikatortafeln (d.h. eine Tafel mit den Elementen Null oder Eins, je nachdem, ob ein Individuum oder Objekt ein bestimmtes Merkmal aufweist oder nicht). Weiterhin bieten sich andere Matrizen mit numerischen Eintragungen für die KA an (d.h. Tafeln mit der Variablenausprägung j für Individuum i in der Zelle ij der Matrix), die etwa auch Indikatorzahlen, Prozentzahlen oder Indexzahlen enthalten können. Im folgenden Abschnitt werden hierzu einige Beispiele demonstriert.

In jedem Fall muß die zu untersuchende Matrix gewissen Bedingungen genügen, ehe eine KA angebracht ist.[1] Die Matrix muß zunächst *homogen* in Form und Inhalt sein. Profile, Punktmassen und Distanzvergleiche müssen sich sinnvoll interpretieren lassen. Grundsätzlich sollte die Matrix so *groß* sein, daß ihre Struktur nicht bei bloßer Betrachtung offensichtlich ist. Darüber hinaus sollte die Matrix *amorph* in dem Sinne sein, daß keine a priori-Strukturen (wie z.B. funktionale Abhängigkeiten) in ihr enthalten sind.

Die KA läßt sich bei solcher Anwendung als *Klassifikationsverfahren* deuten. Sie resultiert in Datenabbildungen, in denen ähnliche Objekte nahe bei einander und unähnliche weit von einander entfernt plaziert werden. Ihr Einsatz ist also nur dann sinnvoll, wenn es darum geht, in einem Datensatz homogene Gruppen oder Beobachtungen zu entdecken. Eine KA ist dabei besonders interessant, wenn wir ganze Populationen anstatt Stichproben untersuchen. Getreu den Maximen der EDA bietet sie sich an für Beobachtungsdaten, die eher auf informellem Wege als auf der Basis eines geordneten Experiments gesammelt wurden. Darüber hinaus läßt sie sich gut zur retrospektiven Untersuchung von Sekundärdaten einsetzen.[2]

Für die von der KA bevorzugten kategorischen Daten bieten sich sonst andere Verfahren an, mittels derer Hypothesen getestet oder Schlüsse auf die einer Stichprobe zugrundeliegenden Grundgesamtheit gezogen werden können. Log-lineare Modelle z.B. erlauben formale Tests der Abhängigkeit zwischen verschiedenen Variablen. Falls die Daten tatsächlich in der Form einer repräsentativen Stichprobe aus einer größeren Grundgesamtheit vorliegen, dann wäre der Einsatz solcher Verfahren zur Bestätigung

---

1. Siehe hierzu auch Lebart, Morineau und Warwick (1984), S. 110 ff.
2. Finch (1981), S. 138 trifft eine erhellende Unterscheidung zwischen der internen und der externen Stoßrichtung einer Datenanalyse: "... many statistical enquiries have two distinct focuses: an internal one relating to the extent to which the data at hand exhibits certain characteristics of interest and an external one pertaining to the extent to which the data is typical of the general run of things." Verfahren wie die KA beziehen sich auf die interne Stoßrichtung. Sie sollen charakteristische Eigenheiten in den Daten hervortreten lassen, ohne auf die Technik der Datengewinnung einzugehen. Die Inferenzstatistik hingegen bezieht sich auf den "external focus": Sie beschäftigt sich mit "dem allgemeinen Lauf der Dinge".

bestimmter Muster in den Daten sinnvoll.

Eine KA resultiert typischerweise in einem zweidimensionalen Diagramm in Form eines Computerausdrucks, auf Englisch auch "map" (d.h. "Landkarte") genannt. Diese reduzierte Darstellung der ursprünglich hochkomplexen Datenstruktur wird anschließend dimensional interpretiert. Dabei wird eine Achse nach der anderen betrachtet, ähnlich wie bei einer Faktorenanalyse, wobei man die relativen Positionen von Zeilen- oder Spaltenpunkten zur Benennung der Achse hinzuzieht. Daß diese Form der Ergebnisinterpretation höchst subjektiv ist, steht außer Frage.

Leider gibt es bis heute auch noch keine befriedigenden Verfahren für die Einschätzung der Bedeutsamkeit von KA-Lösungen. Eine erste Bewertung einer KA ergibt sich aufgrund der Größe der extrahierten Eigenwerte und ihrem Anteil am der gesamten Trägheit einer Punktwolke. Ähnlich wie bei der HKA erachtet man dabei diejenigen Achsen für unbedeutsam, deren kumulierter Anteil an der Gesamtstreuung einen bestimmten Wert (z.B. 10%, 30% o.ä.) nicht überschreitet.

Darüber hinaus ist die *interne Stabilität* eines KA-Diagramms ein wichtiges Kriterium zur Begutachtung der Qualität der erhaltenen Abbildung. Ein KA-Diagramm ist dabei als stabil einzuschätzen, wenn die Ausrichtung der durch die ersten beiden Hauptachsen festgelegten Ebene nicht von isolierten Teilen der Daten dominiert wird. Durch Manipulation der Daten--von Weglassen von Ausreißern bis hin zum systematischen Vergleich des Einflusses der einzelnen Zeilen bzw. Spalten auf das Gesamtbild--läßt sich auf explorativem Wege die Stabilität der entstehenden Abbildungen vergleichen und einschätzen.

Eine KA wird stets mit dem Ziel durchgeführt, einem möglichst großen Anteil der Gesamtträgheit einer Punktwolke entlang der ersten Hauptachse Rechnung zu tragen. Die zweite Achse "erklärt" dann ein Maximum der überbleibenden Inertia, usw. Die von einer Matrix umfaßte Gesamtträgheit wird also entlang der gefundenen Achsen aufgeteilt, wie im vorigen Kapitel gezeigt wurde. Das bei einer KA entstehende zweidimensionale Diagramm zeigt dabei nur die Projektionen der einzelnen Profile auf die Abbildungsebene und verdeutlicht natürlich nicht, welche Punkte tatsächlich nahe an der Ebene positioniert sind und welche weiter weg liegen. Zur korrekten Interpretation einer KA-Abbildung muß also auf zusätzliche Informationen zurückgegriffen werden, die von den meisten Computerprogrammen zur Berechnung einer KA routinemäßig mit ausgedruckt werden.

Der durch eine Hauptachse erklärte Gesamtträgheitsanteil entspricht der Summe der Trägheiten der einzelnen Punktprojektionen auf dieser Achse.[3] Diese achsenspezifischen Trägheiten der einzelnen Punkte berechnen sich aus der jeweiligen Punktmasse multipliziert mit dem quadrierten Abstand der entsprechenden Profilabbildung zum Ursprung bwz. Schwerpunkt. Somit trägt jede Zeile (oder Spalte) zu dem von einer Hauptachse erklärten Anteil an der Gesamtträgheit einer Punktkonfiguration bei. Eine Untersuchung dieser einzelnen Punktbeiträge zu den verschiedenen Achsen stellt einen wesentlichen Bestandteil der Evaluierung eines KA-Diagramms dar. Eine Hauptachse tendiert jeweils in Richtung der Profile, die hohe Punktbeiträge aufweisen (dies sind die Punkte mit hoher Masse oder großem Abstand zum Ursprung). Die Information, welche Zeilen bzw. Spalten einen besonders gewichtigen Einfluß auf die Ausrichtung einer Hauptachse haben, stellt eine wertvolle Hilfe zur Interpretation der gefundenen Dimensionen dar.

In dem von mir benutzten, von M.J. Greenacre geschriebenen Programm SimCA[4] zur Berechnung von Korrespondenzanalysen stehen diese ***absoluten Beiträge der Profile zur Trägheit der Achsen*** in dem numerischen Tabellenoutput zur Erläuterung eines KA-Diagramms jeweils in der Spalte mit der Überschrift CTR (für "contribution").

Darüber hinaus ist eine Betrachtung des Winkels θ_i zwischen den tatsächlichen Profilpunkten und den gefundenen Hauptachsen zur Begutachtung eines KA-Diagramms von Interesse. Dabei betrachtet man zweckmäßigerweise den quadrierten Kosinuswert eines solchen Winkels, da die Summe dieser Werte über alle Hauptachsen aufaddiert für jeden Punkt Eins ergibt. Mit anderen Worten, die Trägheit eines jeden Profils wird

---

3. Siehe Greenacre, M.J. (1984b), S. 67. Es sein nochmals daran erinnert, daß die Trägheit eines Profils p_i sich berechnet aus dem Produkt von Punktmasse mal quadriertem Abstand zum Schwerpunkt: $in\ (p_i) = w_i\ d_i^2$.
4. Greenacre, M.J. (1988b).

entlang der verschiedenen Hauptachsen auf charakteristische Weise aufgespalten, wobei der Betrag $\cos^2 \theta_i$ den Beitrag jeweils einer Dimension aufzeigt. Bei einem hohem Wert $\cos^2 \theta_i$ erklärt eine Achse die Inertia eines Profils sehr gut, denn dies gleichbedeutend mit einem spitzen Winkel θ. Folglich liegt der Profilvektor in enger Ausrichtung zur Achse, d.h. der betreffende Profilpunkt wird durch die Abbildung gut wiedergegeben.

Die Werte für $\cos^2 \theta_i$, COR (für "correlation") im SimCA-Ausdruck genannt, werden auch als *relative Beiträge einer Achse zu einem Punkt* bezeichnet. Sie lassen sich für die beiden abgebildeten Achsen zu einem Wert zwischen Null und Eins addieren und ergeben damit die Kennzahl QLT (für "quality"), die Aufschluß über die Abbildungsqualität der verschiedenen Profile in einem Diagramm bietet.

Es folgen nun einige Beispiele von KA's, die alle für Tabellen gerechnet wurden, deren Inhalt von ökonomischem Interesse ist. Diese Anwendungsbeispiele sollen den tatsächlichen Output einer KA zeigen und Aufschluß über die resultierenden Interpretationsmöglichkeiten geben.

VI.2. Ausgewählte Anwendungsbeispiele der Korrespondenzanalyse

VI.2.1. Sitzverteilung im Deutschen Bundestag

Als erstes Beispiel kommen wir auf die in der Einleitung dieser Arbeit präsentierte Tabelle zurück, die die Verteilung der 662 Sitze im Deutschen Bundestag aufgrund des Wahlergebnisses von 1990 zeigt (vgl. Tabelle VI.1):

Tabelle VI.1:

Sitzverteilung im Deutschen Bundestag aufgrund des Wahlergebnisses von 1990

	SPD	CDU/CSU	FDP	Bü90/Grün	PDS	Summe
Baden-Würt. (bw)	24	39	10	0	0	73
Bayern (by)	26	51	9	0	0	86
Berlin (be)	9	12	3	1	3	28
Brandenburg (br)	7	8	2	2	3	28
Bremen (hb)	3	2	1	0	0	6
Hamburg (hh)	6	6	2	0	0	14
Hessen (he)	20	22	6	0	0	48
Meckl.-Vor. (mv)	4	8	1	1	2	16
Nieders. (ns)	27	31	7	0	0	65
Nordrh.-Wf. (nw)	65	63	17	0	1	146
Rheinl.-Pf. (rp)	13	17	4	0	0	34
Saarland (sl)	6	4	1	0	0	11
Sachsen (sn)	8	21	5	2	4	40
Sachs.-Anh. (sa)	6	12	5	1	2	26
Schles.-Hol. (sh)	10	11	3	0	0	24
Thüringen (th)	5	12	3	1	2	23
Summe	239	319	79	8	17	662

(Quelle: Statistisches Bundesamt, *Statistisches Jahrbuch 1991*, S. 101)

Es handelt sich hierbei um eine klassische Häufigkeitstabelle, die sich zudem auf eine abgeschlossene Grundgesamtheit und *nicht* auf eine Stichprobe aus einer größeren Population bezieht. Die Frage der statistischen Verallgemeinerung der Analyseergebnisse stellt sich also nicht. In Form und Größe genügt die Matrix den im vorhergehenden Abschnitt genannten Bedingungen. Die KA bietet sich folglich als ideales Verfahren zur graphischen Abbildung des in dieser Tabelle enthaltenen Datenmaterials an.

Bei Betrachtung der Tabelle können uns zwei Fragestellungen interessieren:

1. Unterscheidet sich die Abgeordnetenstruktur der einzelnen *Bundesländer* bezüglich der Parteizugehörigigkeit? Diese Frage läßt sich durch die Betrachtung einer Abbildung der *Zeilenprofile* beantworten.

2. Weisen die fünf *Parteien* unterschiedliche Strukturen in der Landeszuhörigkeit ihrer Abgeordneten auf? Diese Frage läuft auf eine Analyse der Positionen der *Spaltenprofile* hinaus.

Beide Betrachtungsweisen zielen letztlich auf die Frage einer möglichen Abhängigkeit der in den Zeilen und Spalten von Tabelle VI.1 erfaßten Variablen. Durch die Untersuchung des graphischen Outputs einer KA (sowie des zugehörigen Zahlenmaterials) der Tabelle läßt sich Aufschluß über die Form des Zusammenhangs zwischen Bundesland und Parteidominanz finden.

Abb. VI.1 zeigt zunächst das graphische Ergebnis einer KA der Zeilenprofile (Bundesländer) der Tabelle VI.1:

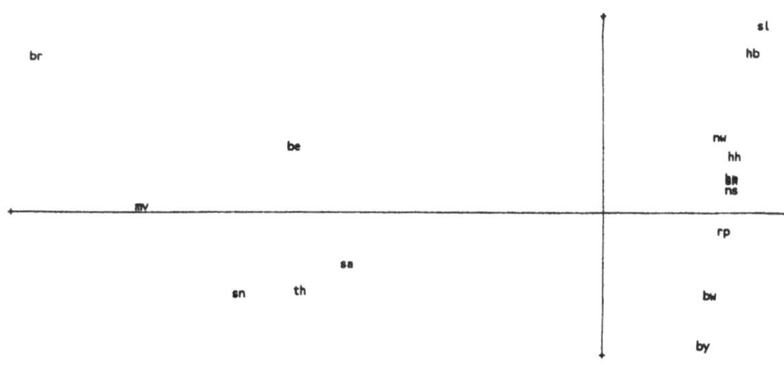

Abb. VI.1: KA-Diagramm der Zeilenprofile (Bundesländer) der Tabelle VI.1. Abgebildet sind die Projektionen der Profilpunkte auf die Ebene, die durch die ersten beiden Hauptachsen bestimmt wird. Die beiden Achsen erklären 84,4% bzw. 11,7% der Gesamtträgheit der Punktwolke. Damit sind 96,2% der so bestimmten Streuung von der Tabelle in die Abbildung überführt worden, was eine sehr gute Abbildungsqualität darstellt.

Deutlich sieht man in dem KA-Diagramm, wie die erste (horizontale) Achse zwischen zwei Gruppen von Bundesländern unterscheidet, die offensichtlich sehr verschiedene Abgeordnetenstrukturen aufweisen. Es handelt sich dabei um eine fundamentale Spaltung zwischen den Ländern, wie der sehr hohe Prozentanteil der durch diese Achse erklärten Gesamtträgheit (84,4%) signalisiert. Da sich links eine Wolke von Neu-Bundesländern zeigt, während rechts die Kette der Alt-Bundesländer fast übereinstimmende Lagewerte auf der ersten Hauptachse aufweist, scheint die vorherrschende Dimension in den Daten tatsächlich eine Ost-West-Unterscheidung in der länderspezifischen Abgeordnetenzusammensetzung im Bundestag darzustellen. Diese Deutung läßt sich noch vertiefen: Da die Positionen der West-Bundesländer auf dieser Achse praktisch zusammenfallen, liegt eine Interpretation der jeweiligen Koordinatenwerte der Ost-Länder auf dieser Achse als Gradmesser der "Östlichkeit im Wahlverhalten" der jeweiligen Wohnbevölkerung nahe. Diese Interpretation wird durch die weiter unten erfolgende Analyse der Anpassungskennzahlen noch erhärtet.

Die zweite (vertikale) Achse differenziert zusätzlich die Abgeordnetenstruktur innerhalb dieser beiden als relativ homogen zu betrachtenden Ländergruppen aus. Dabei stellt sie die eher SPD-freundlichen Länder (im oberen Extrem: Brandenburg, das Saarland und Bremen) den politisch konservativ wählenden Bundesländern (am unteren Ende: Baden-Württemberg und Bayern) gegenüber. Auch diese Achse läßt sich als eine Art "politische Skala" interpretieren: Sie mißt den "Grad der Schwärze" (oder wahlweise der "Röte") *aller* Bundesländer gemäß der Parteizugehörigkeit der sie jeweils im Bundestag vertretenden Abgeordneten.

Es ist wichtig, zur fundierten Evaluierung eines solchen KA-Diagramms das dazugehörige Zahlenmaterial, das Aufschluß die Anpassungsqualität der einzelnen Profile vermittelt, bei der Ergebnisinterpretation mit zu berücksichtigen. Zunächst sind zu diesem Zweck in Tabelle VI.2 die aus Tabelle VI.1 resultierenden Zeilenprofile zusammengefaßt:

Tabelle VI.2:

Sitzverteilung im Deutschen Bundestag
Zeilenprofile aus Tabelle VI.1

	1	2	3	4	5	sum
	SPD	CD/SU	FDP	BGrn	PDS	
1 bw	32.9	53.4	13.7	0.0	0.0	100.0
2 by	30.2	59.3	10.5	0.0	0.0	100.0
3 be	32.1	42.9	10.7	3.6	10.7	100.0
4 br	31.8	36.4	9.1	9.1	13.6	100.0
5 hb	50.0	33.3	16.7	0.0	0.0	100.0
6 hh	42.9	42.9	14.3	0.0	0.0	100.0
7 he	41.7	45.8	12.5	0.0	0.0	100.0
8 mv	25.0	50.0	6.3	6.3	12.5	100.0
9 ns	41.5	47.7	10.8	0.0	0.0	100.0
10 nw	44.5	43.2	11.6	0.0	0.7	100.0
11 rp	38.2	50.0	11.8	0.0	0.0	100.0
12 sl	54.5	36.4	9.1	0.0	0.0	100.0
13 sn	20.0	52.5	12.5	5.0	10.0	100.0
14 sa	23.1	46.2	19.2	3.8	7.7	100.0
15 sh	41.7	45.8	12.5	0.0	0.0	100.0
16 th	21.7	52.2	13.0	4.3	8.7	100.0
average	36.1	48.2	11.9	1.2	2.6	100.0

In den Zeilenprofilen finden wir die Erklärung für die Trennung der Bundesländer in zwei Hauptgruppen: Offensichtlich haben die westlichen Bundesländer (mit Ausnahme Nordrhein-Westfalens) keine Vertreter des Bündnis 90/Grüne oder der PDS in den Bundestag geschickt. Die jeweiligen Zelleneintragungen in den Spalten 4 und 5 sind für diese Länder--im Gegensatz zu den ostdeutschen Bundesländern--fast durchgehend mit Nullen belegt. Außerdem läßt sich die jeweils verherrschende Dominanz einer der großen Volksparteien, die wir zur Erklärung der zweiten Hauptachse herangezogen haben, an den Profilen bestätigen.

Weitere Informationen zur Interpretation des KA-Diagramms erhalten wir in der Tabelle VI.3 der Zeilenbeiträge (*row contributions*):

Tabelle VI.3:

Sitzverteilung in Deutschen Bundestag
Kennzahlen zur Anpassung der Zeilenprofile (Zeilenbeiträge)

I	NAME	QLT	MAS	INR	k=1	COR	CTR	k=2	COR	CTR
1	bw	965	110	36	174	621	26	-130	344	104
2	by	936	130	64	164	358	27	-208	578	315
3	be	936	42	88	-533	900	94	105	35	26
4	br	977	33	226	-972	915	245	253	62	119
5	hb	815	9	9	246	387	4	258	428	34
6	hh	895	21	8	216	765	8	89	130	9
7	he	989	73	23	211	933	25	51	56	11
8	mv	957	24	104	-793	957	118	9	0	0
9	ns	972	98	30	211	942	34	37	30	8
10	nw	995	221	74	190	712	62	120	283	178
11	rp	994	51	13	197	976	16	-27	19	2
12	sa	977	17	18	265	419	9	306	558	87
13	sn	999	60	163	-627	959	185	-129	40	56
14	sa	803	39	65	-442	775	60	-84	28	16
15	sh	989	36	11	211	933	13	51	56	5
16	th	997	35	66	-522	943	74	-125	54	30

Anhand dieser Zahlen können wir den Anteil eines jeden Profils an der Ausrichtung der gefundenen Hauptachsen quantifizieren. Diese Information ist für die Bestimmung einer zutreffenden Achsenbezeichnung hilfreich. Die Inertia entlang der ersten Achse beispielsweise beträgt 0,1283 (siehe Abb. VI.1) und entspricht der Summe der mit den jeweiligen Punktmassen multiplizierten Koordinatenwerte der Profilpunkte entlang dieser Dimension. Die Koordinatenwerte der Profile auf den beiden abgebildeten Achsen sind in den Spalten "k=1" bzw. "k=2" abzulesen. Die Punktmassen stehen in den Spalten mit der Aufschrift MAS. Erwartungsgemäß haben die Profile der bevölkerungsreichen Bundesländer, die viele Abgeordnete in den Bundestag entsenden, eine höhere Masse als die Profile der kleineren Bundesländer.

Punkte mit hohen Beiträgen in der ersten Spalte CTR von Tabelle VI.3 üben eine besonders starke "Anziehungskraft" auf die erste Hauptachse aus. Es sind dies (in absteigender Reihenfolge) tatsächlich die Ost-Bundesländer Brandenburg (CTR-Eintrag 245), Sachsen (185), Mecklenburg-Vorpommern (118), Berlin (94) und Thüringen (74). Die Untersuchung dieser absoluten

Beiträge der Profile zur Trägheit der ersten Achse ist ein weiterer Anhaltspunkt dafür, daß diese Dimension in der Tat die Ausprägung eines ost-typischen Merkmals in der Abgeordnetenstruktur des Bundestages mißt. Überraschend ist diese Tatsache insoweit, als daß die Bundesländer mit hohen Einwohnerzahlen (dies sind die westlichen Bundesländer Nordrhein-Westfalen, Bayern und Baden-Württemberg) offensichtlich trotz ihrer hohen Masse (vgl. die Eintragungen in der Spalte MAS) wenig Einfluß auf die dominante Struktur in den Abgeordnetendaten haben. Stattdessen resultieren die hohen Beiträge der ostdeutschen Profile zur Inertia der ersten Hauptachse aus ihren jeweils großen Abständen zum Schwerpunkt. Allerdings sind die massereichen westdeutschen Profile genau diejenigen, die eine große Rolle bei der Festlegung der zweiten Hauptachse spielen (vgl. die Eintragungen in der zweiten Spalten CTR).

Ein Blick in die Spalte QLT von Tabelle VI.3 verdeutlicht, daß die Abbildungsqualität sämtlicher Profile in diesem KA-Diagramm bei einem Wert von über 80%, bei den meisten Punkten sogar bei über 90% der vollen Punktinertia liegt. Diese ausgezeichnete Abbildungstreue läßt sich bereits aus der hohen Summe der Anteile der durch die beiden Achsen erfaßten Gesamtträgheit erwarten. Dennoch werden die Profile durch ihre Projektionspositionen auf den beiden Hauptachsen unterschiedlich gut wiedergegeben (siehe die Spalte COR). In enger Ausrichtung zur ersten Achse liegen insbesondere wiederum die neuen Bundesländer Berlin (Spalteneintrag 900), Brandenburg (915), Mecklenburg-Vorpommern (957), Sachsen (959) und Thüringen (934). Aber auch die Alt-Bundesländer Hessen (933), Niedersachsen (942), Rheinland-Pfalz (976) und Schleswig-Holstein (933) weisen einen hohen quadrierten Kosinuswert des mit dieser ersten Achse eingeschlossenen Winkels (d.h. einen besonders spitzen Winkel) auf, was die Repräsentativität dieser Dimension für die Gesamttabelle unterstreicht. Die Bundesländer, zu denen diese erste Hauptachse geringe relative Beiträge aufweist, zeigen dafür vergleichsweise hohe COR-Werte für die zweite Achse. Insbesondere sind hier das Saarland und Bayern zu nennen, die ebenfalls hohe absolute Beiträge zur Trägheit der zweiten Dimension zeigen und mit ihren Abgeordnetenstrukturen die jeweiligen Extremwerte der Profile auf dieser Achse darstellen.

Abb. VI.2 zeigt das KA-Diagramm der Spaltenprofile aus der Ursprungstabelle, d.h. die relativen Positionen der fünf Parteien. Zwar soll an dieser Stelle keine eingehende Interpretation auch noch dieser Abbildung erfolgen, es ist aber zu beachten, daß tatsächlich die beiden hier abgebildeten Hauptachsen die gleiche Menge an der Gesamtinertia erklären wie die Hauptachsen in der Abbildung der Zeilenprofile. Dennoch werden wir der Versuchung widerstehen, die beiden Diagramme in ein gemeinsames Achsensystem zu integrieren, um die Gefahr eines nicht-legitimen Vergleichs von Zeilen-Spalten-Abständen zu vermeiden.

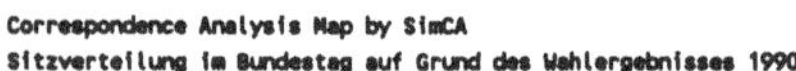

Horizontal axis is dimension 1 with inertia = 0.1283 (84.4%)
Vertical axis is dimension 2 with inertia = 0.0178 (11.7%)
96.2% of total inertia is represented in the above map

Abb. VI.2: KA-Diagramm der Spaltenprofile der Tabelle VI.1 (Parteien). In Ergänzung zur erfolgten Interpretation des Zeilenprofildiagramms sehen wir hier, daß das Bündnis 90/Grüne und die PDS eine ähnliche Struktur der Landeszugehörigkeit ihrer Bundestagsabgeordneten aufweisen, die sich deutlich von der der "Altparteien" CDU, FDP und SPD unterscheidet, wobei letztere nochmals einen gewissen Abstand zu den Regierungsparteien aufweist.

Wir wollen an dieser Stelle die Betrachtung der an der Häufigkeitstabelle VI.1 durchgeführten KA abbrechen. Die Überlegenheit der graphischen Präsentation in Abb. VI.1 zur vergleichenden Darstellung der in Tabelle VI.1 zusammengefaßten Daten mit minimalem Informationsverlust dürfte dennoch deutlich geworden sein. Natürlich bietet diese Betrachtung der unterschiedlichen Abgeordnetenstruktur für ost- und westdeutsche Bundesländer keine unerwarteten Überraschungen. Eine solche ist aber auch nicht mit dieser Präsentation angestrebt worden. Das Beispiel einer Analyse der Abgeordnetenstruktur des Deutschen Bundestags ist stattdessen bewußt so gewählt, daß die KA als Abbildungsinstrument zur Darstellung bereits vertrauter Tatsachen zur Geltung kommen konnte.

VI.2.2. Portfolioanalysen

In einem weiteren Beispiel soll die KA an einer Tabelle mit Prozentzahlen demonstriert werden. Wir beziehen uns dabei auf die unten abgebildete Portfoliozusammenfassung, die in der Zeitschrift ***The Economist*** regelmäßig abgedruckt wird:

Tabelle VI.4:

The perfect portfolio?

- **Baseline:**

O Neutral weighting from Morgan Stanley Capital International world index and Salomon Brothers world bond index

- **Contributors:**

A: Merrill Lynch
B: Lehman Brothers
C: Nikko Securities
D: Daiwa Europe
E: Crédit Agricole
F: Robeco Group Asset Management
G: Bank Julius Baer
H: Phillips & Drew Fund Management
I: Commerz International Capital Management
J: Credit Suisse Asset Management

- **Holdings by instrument, %**

	A	B	C	D	E	F	G	H	I	J
Equities	55	50	55	55	50	48	45	38	63	30
Bonds	35	30	30	35	35	52	55	54	33	62
Cash	10	20	15	10	15	0	0	8	4	8

- **Equity holdings by area, %**

	O	A	B	C	D	E	F	G	H	I	J
America											
US	42.2	46.5	39.0	44.0	33.0	33.0	26.0	40.0	24.0	55.0	33.0
Others	2.4	3.1	5.5	2.0	2.0	4.0	3.0	5.0	0.0	0.0	6.0
Europe											
Britain	10.6	9.0	7.5	9.0	15.0	13.0	13.0	8.0	5.0	5.0	12.0
Germany	3.7	3.5	6.0	6.0	5.0	8.0	5.0	8.0	8.0	5.0	8.0
France	3.7	4.7	6.0	4.0	10.0	12.0	8.0	12.0	5.0	0.0	8.0
Others	8.7	7.4	15.5	2.0	5.0	5.0	12.0	17.0	22.0	0.0	11.0
East Asia											
Japan	24.4	16.8	10.0	26.0	15.0	15.0	20.0	0.0	26.0	30.0	15.0
Others	4.2	9.0	10.5	7.0	15.0	10.0	13.0	10.0	10.0	5.0	7.0
	100	100	100	100	100	100	100	100	100	100	100

- **Bond holdings by currency, %**

	O	A	B	C	D	E	F	G	H	I	J
Dollar	52.4	46.0	30.0	50.0	40.0	35.0	15.0	40.0	59.0	76.0	46.0
Yen	16.0	31.0	15.0	25.0	20.0	25.0	10.0	0.0	16.0	3.0	12.0
Sterling	7.3	1.0	5.0	6.5	5.0	5.0	10.0	0.0	3.0	0.0	4.0
DM	7.4	3.0	20.0	8.0	15.0	10.0	15.0	15.0	10.0	7.0	10.0.0
FFr	6.9	3.0	30.0	6.0	15.0	15.0	20.0	15.0	4.0	5.0	10.0
Ecu	1.3	0.0	0.0	0.0	0.0	0.0	0.0	15.0	0.0	0.0	3.0
Others	8.7	16.0	0.0	4.5	5.0	10.0	30.0	15.0	8.0	9.0	15.0
	100	100	100	100	100	100	100	100	100	100	100

(Quelle: ***The Economist***, 9. Januar 1993, S. 69)

Es handelt sich dabei um einen Vergleich der Strukturen mehrerer, von verschiedenen Investmenthäusern empfohlener Anlageportfolios. Vor dem Hintergrund der aktuellen Unruhen im EWS erscheint die letzte Untertabelle *"Bond holdings by currency"* besonders interessant zu sein. Dabei geht es um Portfolios, in denen ausschließlich in verschiedenen Währungen ausgestellte Staatsanleihen enthalten sind. In der folgenden Datenmatrix ist diese Untertabelle nochmals aufgeführt. Die Spalten o bis j beziehen sich dabei auf die verschiedenen Investmenthäuser (siehe Tabelle VI.4 für die Aufschlüsselung). In den Zeilen stehen die unterschiedlichen Währungen. Man beachte, daß die Zeilen "Ecu" und "Others" in Tabelle VI.5 zu einem gemeinsamen Profil "other" verschmolzen wurden. Die Zelleneintragungen ergeben den in Prozent ausdrückten Anteil der auf die jeweilige Währung lautenden Bonds an den empfohlenen Portfolios wieder (d.h. sämtliche Spaltensummen sind gleich 100%).

Tabelle VI.5:

Währungsanteile von Bond-Portfolios

	1	2	3	4	5	6	7	8	9	10	11	sum
	o	a	b	c	d	e	f	g	h	i	j	
1 DO	52	46	30	50	40	35	15	40	59	76	46	489
2 YE	16	31	15	25	20	25	10	0	16	3	12	173
3 ST	7	1	5	7	5	5	10	0	3	0	4	47
4 DM	7	3	20	8	15	10	15	15	10	7	10	120
5 FF	7	3	30	6	15	15	20	15	4	5	10	130
6 OT	10	16	0	5	5	10	30	30	8	9	18	141
sum	100	100	100	100	100	100	100	100	100	100	100	1100

Es interessieren hier die Währungsstrukturen der verschiedenen Portfolios bzw. wie sich die Berücksichtigung der einzelnen Währungen über die Portfolios hinweg verhält. Die konstanten Spaltensummen von 100 erwachsen aus dem besonderen Charakter der Tabelle. Demzufolge weist das Durchschnittszeilenprofil ebenfalls einheitliche Komponenten auf. Die Zeilensummen hingegen spiegeln die Bedeutung der einzelnen Währungen für den internationalen Bond-Markt wider. Zwar handelt es sich in diesem Fall um keine Häufigkeitsdaten, aber es ist nicht von vornherein *abwegig*, mit Blick auf Tabelle VI.5 von Profilmassen und Distanzen im Sinne der KA zu sprechen. Wir haben es hier allerdings bereits mit einem Grenzfall zu tun, bei dem die Begründung des Einsatzes der KA zur graphischen Abbildung einer Tabelle nicht ganz zwanglos ist.

In Tabelle VI.6 sind die zugehörigen Zeilen- bzw. Spaltenprofile zusammengetragen:

Tabelle VI.6:

Aufstellung der aus Tabelle VI.5 resultierenden Zeilen- und Spaltenprofile

a) Matrix der Zeilenprofile:

	1	2	3	4	5	6	7	8	9	10	11	sum
	o	a	b	c	d	e	f	g	h	i	j	
1 DO	10.7	9.4	6.1	10.2	8.2	7.2	3.1	8.2	12.1	15.5	9.4	100.0
2 YE	9.2	17.9	8.7	14.5	11.6	14.5	5.8	0.0	9.2	1.7	6.9	100.0
3 ST	15.6	2.1	10.7	13.9	10.7	10.7	21.4	0.0	6.4	0.0	8.5	100.0
4 DM	6.1	2.5	16.6	6.6	12.5	8.3	12.5	12.5	8.3	5.8	8.3	100.0
5 FF	5.3	2.3	23.1	4.6	11.5	11.5	15.4	11.5	3.1	3.8	7.7	100.0
6 OT	7.1	11.4	0.0	3.2	3.6	7.1	21.4	21.4	5.7	6.4	12.8	100.0
average	9.1	9.1	9.1	9.1	9.1	9.1	9.1	9.1	9.1	9.1	9.1	100.0

b) Matrix der Spaltenprofile:

	1	2	3	4	5	6	7	8	9	10	11	average
	o	a	b	c	d	e	f	g	h	i	j	
1 DO	52.4	46.0	30.0	50.0	40.0	35.0	15.0	40.0	59.0	76.0	46.0	44.5
2 YE	16.0	31.0	15.0	25.0	20.0	25.0	10.0	0.0	16.0	3.0	12.0	15.7
3 ST	7.3	1.0	5.0	6.5	5.0	5.0	10.0	0.0	3.0	0.0	4.0	4.3
4 DM	7.4	3.0	20.0	8.0	15.0	10.0	15.0	15.0	10.0	7.0	10.0	10.9
5 FF	6.9	3.0	30.0	6.0	15.0	15.0	20.0	15.0	4.0	5.0	10.0	11.8
6 OT	10.0	16.0	0.0	4.5	5.0	10.0	30.0	30.0	8.0	9.0	18.0	12.8
sum	100.0	100.0	100.0	100.0	100.0	100.0	100.0	100.0	100.0	100.0	100.0	100.0

Obwohl in dieser Arbeit mehrfach auf ihren irreführenden Charakter hingewiesen worden ist, soll anhand von Tabelle VI.4 ein für KA-Publikationen typisches sogenanntes *"symmetrisches Schaubild"*, das sowohl Zeilen- wie Spaltenprofile enthält, vorgeführt werden (Abb. VI.3):

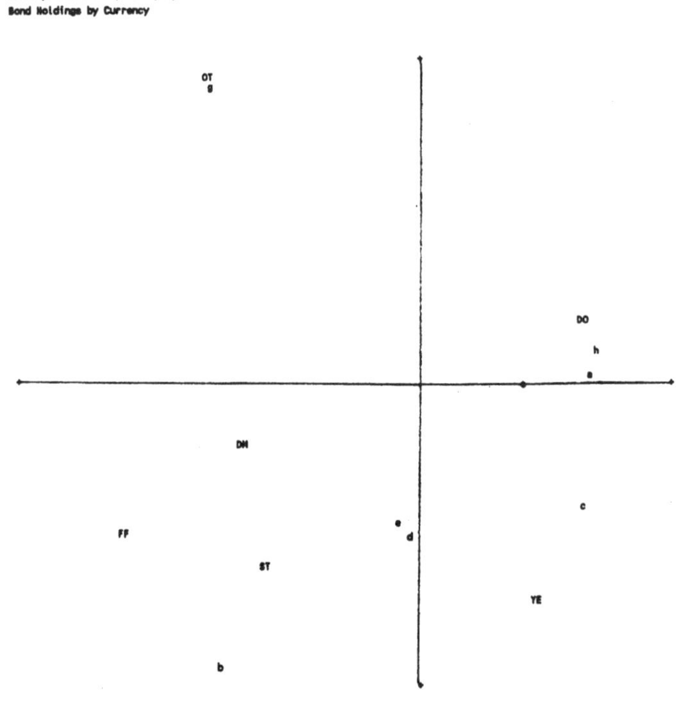

Abb. VI.3: KA-Diagramm der Tabelle VI.5, in dem die Abbildungen der Zeilenprofil- und Spaltenprofilhauptebenen übereinander gelegt worden sind. Dies ist möglich, da beide Hauptachsensysteme jeweils gleiche Gesamtträgheitsanteile an den entsprechenden Punktwolken erfassen. Man beachte aber, daß Entfernungen zwischen einzelnen Zeilen- (hier durch Großbuchstaben markiert) und Spaltenpunkten (Kleinbuchstaben) *nicht* definiert sind.

Die Abbildungsqualität in Abb. VI.3 erreicht mit einem Anteil von 76% der Gesamtstreuung noch gute Werte. Es lassen sich anhand des Diagramms zunächst die Positionen der die verschiedenen Portfolios repräsentierenden Spaltenprofile (Kleinbuchstaben) vergleichen, um Aufschluß darüber zu erhalten, welche Portfolios sich vom Aufbau her ähneln oder unterscheiden. Beispielsweise läßt sich auf einen Blick erkennen, daß die Empfehlungen bezüglich einer optimalen Währungsschichtung der Staatsanleihen von Crédit Agricole (e) eine große Übereinstimmung mit denen der japanischen Daiwa Europe Gruppe (d) aufweisen. Andererseits demonstriert die amerikanische Firma Lehman Brothers (b) völlig verschiedene Prognosen bezüglich der weiteren Entwicklung des internationalen Bond-Marktes als die Commerz International Capital Management (i). Ebenso können wir ablesen, daß sich weniger Unterschiede in der Berücksichtigung der europäischen Währungen Französischer Franc (FF), Deutsche Mark (DM) und Pfund Sterling (ST) in den Portfolios zeigen als gegenüber den außereuropäischen und übrigen Währungen, was sich als Stabilitätserfolg des EWS interpretieren ließe.

Das obige Diagramm erlaubt vor allem zu demonstrieren, wie man bei der Interpretation einer solchen symmetrischen KA-Abbildung *nicht* vorgehen kann. Symmetrische Diagramme dieser Art sind in der Literatur sehr beliebt und werden leider dann auch häufig einer inkorrekten Deutung der sogenannten *between-set-distances*, d.h. der Abstände zwischen Zeilen- *und* Spaltenprofilen, unterzogen. Beispielsweise liegt es nahe, aus der unmittelbaren Proximität des Portfolios g mit der Währung "other" zu schließen, das Portfolio g weise einen besonders hohen Anteil an anderen Währungen in seinem Bond-Bestand auf. In der Tendenz ist diese Aussage zwar richtig (vgl. Tabelle VI.5), aber man betrachte einmal die verschiedenen Nähen der Portfolios h und i zur Währung "Dollar". Ein direkter Vergleich der *between-set-distances* würde zu der Aussage führen, Portfolio h (Phillips & Drew Fund Management) weise einen höheren Anteil an US-Dollar auf als Portfolio i (Commerz International Capital Management). Eine solche Aussage erweist sich mit Blick auf Tabelle VI.5 als schlicht falsch. Von daher erscheint es fraglich, ob überhaupt symmetrische Darstellungen von Korrespondenzanalysen sinnvoll sind. In der Praxis erwächst jedoch gerade aus dem vordergründigen Reiz dieser gemeinsamen Abbildungen die zunehmende Beliebtheit der KA, vor deren irrenführenden Charakter jedoch deutlich gewarnt werden sollte. In

Abschnitt VI.3.1. kommen wir auf dieses Problem der Vergleichbarkeit von Zeilen- und Spaltenkategorien noch einmal zurück.

VI.2.3. Preisstrukturen innerhalb der EG

Wir wollen in einem letzten praktischen Beispiel die KA zum Vergleich von Preisstrukturen innerhalb der EG anwenden. Dabei beziehen wir uns auf eine Tabelle, die spaltenbezogene Indexzahlen enthält:

Tabelle VI.7:

A Shopper's Guide to the Single Market

A shopper's guide to the single market

Prices on September 30th 1992*

	Butter (500g)	Potatoes (2kg)	Entrecôte steak (1kg)	Table wine (1 litre)	Local beer (1 litre)	Whisky, six years old (0.7 litre)	Marlboro cigarettes	Men's raincoat	Television (56cm)	Petrol (1 litre)
London price (£)	1.20	0.84	11.63	3.72	1.93	15.79	2.20	99.00	399.00	0.53
Index: London=100										
Amsterdam	120	129	101	71	45	73	76	128	181	125
Athens	189	36	41	119	42	48	51	na	217	113
Berlin	163	96	77	73	42	65	88	329	81	115
Brussels	175	166	84	99	86	71	65	180	124	113
Copenhagen	155	70	118	95	81	131	132	75	132	111
Dublin	127	164	92	181	101	90	113	na	124	113
Lisbon	206	43	62	73	31	73	62	173	125	126
Luxembourg	147	118	83	50	75	56	68	179	190	77
Madrid	212	41	79	35	61	50	60	261	202	104
Paris	198	166	103	92	40	65	66	169	126	119
Rome	213	108	70	55	63	42	69	184	114	128

Source: EIU

*Converted at December 18th exchange rates

(Quelle: *The Economist*, 26. Dezember 1992, S. 45)

Bei Betrachtung der obigen Tabelle interessiert zunächst die Frage, wie sich die Preisstrukturen für die genannten Güter zwischen den verschiedenen europäischen Hauptstädten unterscheiden. Vor dem Hintergrund eines einheitlichen, steuerharmonisierten EG-Binnenmarktes würde man erwarten, daß sich keinelei Differenzen zeigen. Diese Frage führt zunächst auf eine Betrachtung der Zeilenprofile hinaus.

Allerdings treten bei Betrachtung von Tabelle VI.7 einige Fragen bezüglich der Rechtmäßigkeit der Anwendung der KA zur Analyse der Struktur dieses Tabellentypus auf. So ist es bereits fraglich, ob die Berechnung eines Zeilenschwerpunkts auf der Basis spaltenspezifischer Indexzahlen überhaupt sinnvoll ist. Damit ist auch die Zweckmäßigkeit der Abstandsberechnung in Frage gestellt. Die Begründung der von der KA verwendeten Metrik und Punktegewichtung fällt hier lange nicht mehr so leicht wie beim Vorliegen einer echten Kontingenztabelle.

Wir wollen uns dennoch über diese Bedenken hinweg setzen und eine KA durchführen. Dazu überführen wir zunächst Tabelle VI.7 in eine etwas vereinfachte Form:

Tabelle VI.8:

Ausgewählte Konsumgüterpreise in verschiedenen EG-Hauptstädten

	1	2	3	4	5	6	7	8	9	sum
	BUTT	POTA	STEA	WINE	BEER	WHIS	MARL	TELE	PETR	
1 londo	100	100	100	100	100	100	100	100	100	900
2 amste	120	129	101	71	45	73	76	181	125	921
3 athen	189	36	41	119	42	48	51	217	113	856
4 berli	163	96	77	73	42	65	88	81	115	800
5 bruss	175	166	84	99	86	71	65	124	113	983
6 copen	155	70	118	95	81	131	132	132	111	1025
7 dubli	127	164	92	181	101	90	113	124	113	1105
8 lisbo	206	43	62	73	31	73	62	125	126	801
9 luxem	147	118	83	50	75	56	68	190	77	864
10 madri	212	41	79	35	61	50	60	202	104	844
11 paris	198	166	103	92	40	65	66	126	119	975
12 rome	213	108	70	55	63	42	69	114	128	862
sum	2005	1237	1010	1043	767	864	950	1716	1344	10936

Die entsprechenden Zeilenprofile sind in Tabelle VI.9 zusammengefaßt:

Tabelle VI.9:

	1	2	3	4	5	6	7	8	9	sum
	BUTT	POTA	STEA	WINE	BEER	WHIS	MARL	TELE	PETR	
1 londo	11.1	11.1	11.1	11.1	11.1	11.1	11.1	11.1	11.1	100.0
2 amste	13.0	14.0	11.0	7.7	4.9	7.9	8.3	19.7	13.6	100.0
3 athen	22.1	4.2	4.8	13.9	4.9	5.6	6.0	25.4	13.2	100.0
4 berli	20.4	12.0	9.6	9.1	5.3	8.1	11.0	10.1	14.4	100.0
5 bruss	17.8	16.9	8.5	10.1	8.7	7.2	6.6	12.6	11.5	100.0
6 copen	15.1	6.8	11.5	9.3	7.9	12.8	12.9	12.9	10.8	100.0
7 dubli	11.5	14.8	8.3	16.4	9.1	8.1	10.2	11.2	10.2	100.0
8 lisbo	25.7	5.4	7.7	9.1	3.9	9.1	7.7	15.6	15.7	100.0
9 luxem	17.0	13.7	9.6	5.8	8.7	6.5	7.9	22.0	8.9	100.0
10 madri	25.1	4.9	9.4	4.1	7.2	5.9	7.1	23.9	12.3	100.0
11 paris	20.3	17.0	10.6	9.4	4.1	6.7	6.8	12.9	12.2	100.0
12 rome	24.7	12.5	8.1	6.4	7.3	4.9	8.0	13.2	14.8	100.0
average	18.3	11.3	9.2	9.5	7.0	7.9	8.7	15.7	12.3	100.0

Abb. VI.4 zeigt das resultierende KA-Diagramm der Zeilenstruktur. Die Städtenamen sind zur Entlastung der Abbildung jeweils durch ihre ersten beiden Anfangsbuchstaben gekennzeichnet.

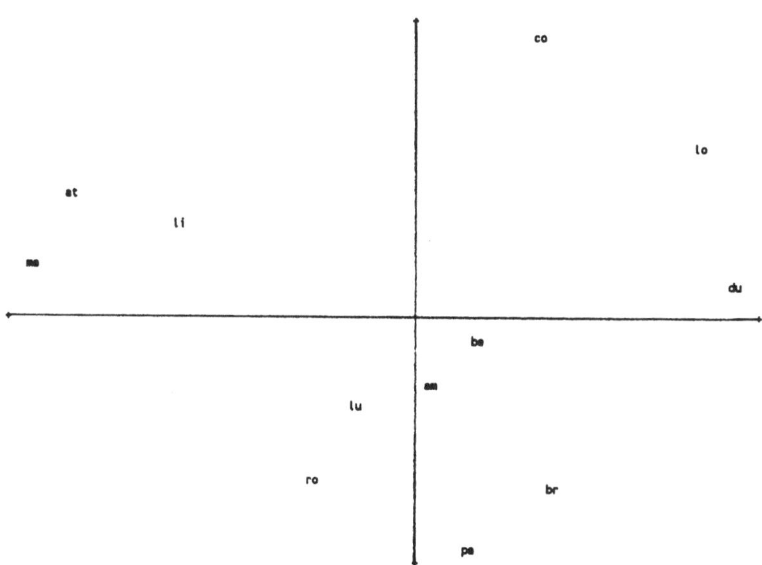

Abb. VI.4: KA-Diagramm der Zeilenprofile aus Tabelle VI.9. Wir können drei Cluster von Hauptstädten erkennen, die für die betrachteten Güter ähnliche Preisstrukturen aufweisen.

Die Abbildungsqualität der ersten beiden Hauptachsen erreicht mit knapp 65% der Gesamtstreuung einen akzeptablen Wert. Entlang der ersten Dimension tut sich interessanterweise ein Nord-Süd-Gefälle in den Preisstrukturen zwischen den europäischen Städten auf: Die horizontale Achse vereint die mediterranen Hauptstädte Madrid, Athen und Lissabon an ihrem linken Extrem sowie die "Nordlichter" Dublin, London und Kopenhagen äußerst rechts. Die mitteleuropäischen Städte reihen sich dazwischen. Ziehen wir die zweite Achse noch hinzu, so erkennen wir deutlich drei Regionalgruppierungen von Hauptstädten, die offensichtlich jeweils relativ homogene Preisstrukturen hinsichtlich des verwendeten Warenkorbes aufweisen.

Es muß jedoch wieder nachdrücklich darauf hingewiesen werden, daß zur gezielten Interpretation der im Diagramm erkennbaren Strukturen auf einen kontrollierenden Vergleich der Anpassungskennzahlen nicht verzichtet werden darf. So erscheinen in Abb. VI.4 die Preisstrukturen in den Städten Amsterdam, Berlin und Luxemburg sich sehr zu ähneln. Ein Blick in die Zahlentabelle (siehe Tabelle VI.10 unten) zeigt jedoch, daß diese drei Städte sich durch die ersten beiden Hauptachsen garnicht so gut beschreiben lassen: Sie weisen jeweils eine sehr geringe Anpassungsqualität auf (QLT). Zu einer treffenden Abbildung dieser Punkte wäre noch mindestens die Berücksichtigung einer weiteren senkrechten Achse notwendig.

Dennoch läßt sich kaum bestreiten, daß ein KA-Diagramm wie in Abb. VI.4 dem Betrachter auf einen Blick wesentlich mehr über Gemeinsamkeiten und Unterschiede in den Zeilen von Tabelle VI.9 verdeutlicht als ein Blick auf die Tabelle selber verriete. Hierin ist der Nutzen der KA zu sehen: als exploratives Hilfsmittel zur Erkennung von in einer Datenmenge enthaltenen Strukturen oder homogenen Gruppen. Mit der angemessenen Vorsicht betrieben erweist sich die KA als äußerst nützliches Instrument zur Präklassifikation hochdimensionaler Daten. Auf der Basis ihrer Ergebnisse lassen sich sodann differentierte Analysen ausarbeiten.

Tabelle VI.10:

Anpassungskennzahlen zu Abb. VI.4

Iö	NAMEö	QLT	MAS	INRö	k=1	COR	CTRö	k=2	COR	CTRö
1ö	londö	907	82	92ö	252	681	140ö	145	226	103ö
2ö	amstö	75	84	47ö	10	2	0ö	-58	73	17ö
3ö	atheö	619	78	164ö	-312	554	203ö	107	65	53ö
4ö	berlö	87	73	32ö	53	75	5ö	-21	12	2ö
5ö	brusö	820	90	48ö	120	320	35ö	-150	500	120ö
6ö	copeö	807	94	98ö	109	136	30ö	242	671	327ö
7ö	dublö	722	101	135ö	283	715	217ö	26	6	4ö
8ö	lisbö	584	73	79ö	-215	513	91ö	80	71	28ö
9ö	luxeö	147	79	59ö	-57	52	7ö	-77	94	28ö
10ö	madrö	853	77	132ö	-347	838	249ö	46	15	10ö
11ö	pariö	759	89	60ö	44	35	5ö	-201	724	215ö
12ö	romeö	512	79	53ö	-96	161	19ö	-141	351	93ö

VI.3. Weiterentwicklungen der Korrespondenzanalyse

VI.3.1. Zusätzliche Profile und Vergleichbarkeit von Zeilen- und Spaltenkategorien

In den soeben gezeigten Beispielanwendungen der KA haben wir es bewußt vermieden, Distanzen zwischen einzelnen Zeilen- und Spaltenpunkten zu interpretieren, da diese Abstände--selbst wenn sie innerhalb eines gemeinsamen Diagramms buchstäblich ins Auge springen--*nicht definiert* sind. Es sei an dieser Stelle nochmals darauf hingewiesen, daß insbesondere in zahlreichen deutschsprachigen Veröffentlichungen über empirische Untersuchungen mittels der KA dieser Kardinalfehler immer wieder begangen wird.

Natürlich ist in den meisten Fällen auch tatsächlich die Frage nach einer möglichen Abhängigkeit der in den Zeilen und Spalten einer Datenmatrix erfaßten Variablen von herausragendem Interesse. Gehen wir wiederum von der Tabelle der Verteilung der 662 Bundestagsmandate nach Bundesländern und Parteizugehörigkeit als klassischen Fall einer Kontingenztabelle aus, so lassen sich im Rahmen der KA einige Überlegungen zur Vergleichbarkeit von Zeilen- und Spaltenkategorien anstellen. Betrachten wir diese Tabelle noch einmal:

Tabelle VI.11:

Sitzverteilung im Deutschen Bundestag aufgrund des Wahlergebnisses von 1990

	SPD	CDU/CSU	FDP	Bü90/Grün	PDS	Summe
Baden-Würt. (bw)	24	39	10	0	0	73
Bayern (by)	26	51	9	0	0	86
Berlin (be)	9	12	3	1	3	28
Brandenburg (br)	7	8	2	2	3	28
Bremen (hb)	3	2	1	0	0	6
Hamburg (hh)	6	6	2	0	0	14
Hessen (he)	20	22	6	0	0	48
Meckl.-Vor. (mv)	4	8	1	1	2	16
Nieders. (ns)	27	31	7	0	0	65
Nordrh.-Wf. (nw)	65	63	17	0	1	146
Rheinl.-Pf. (rp)	13	17	4	0	0	34
Saarland (sl)	6	4	1	0	0	11
Sachsen (sn)	8	21	5	2	4	40
Sachs.-Anh. (sa)	6	12	5	1	2	26
Schles.-Hol. (sh)	10	11	3	0	0	24
Thüringen (th)	5	12	3	1	2	23
Summe	239	319	79	8	17	662

Bei Unabhängigkeit der in einer Häufigkeitstabelle wie dieser erfaßten Zeilen- und Spaltenvariablen wäre das berechnete χ^2 nicht signifikant. Es ergibt sich jedoch in diesem Fall ein Wert von 100,58 (d.f. = 60); d.h. die Unterschiede zwischen den Profilen können nicht als zufällig abgetan werden. Die Inertia der Tabelle beträgt $\chi^2/n = 0{,}151941$ und ist dabei ein durchschnittliches Maß für die Abweichung der Zeilen-/Spaltenprofile von ihrem Schwerpunkt.

Bei vollständiger Abhängigkeit von Zeilen und Spalten würden in einer Tabelle der nur "extreme" Profile auftreten, die in jeweils einer Kategorie mit dem Wert Eins konzentriert sind. Ansonsten enthielte eine solche Tabelle ausschließlich Nullen. Die Inertia der Tabelle erreicht in diesem Fall ihr Maximum. Je höher das tatsächlich gemessene Gesamtträgheitsmoment einer Matrix ist, desto enger ist also die Abhängigkeit der erfaßten Zeilen- und Spaltenvariablen.

Vom gedachten Fall der extremen Profile läßt sich ableiten, daß für unsere Analyse der Zusammensetzung des Bundestags eine Abbildung beispielsweise der Spaltenkategorien (Parteien) im Zeilenprofilraum (Abb. VI.1 auf S. 89) mittels solcher in jeweils eine Spaltenkategorie konzentrierter Zeilenprofile möglich ist. Ein solches "polarisiertes" Zeilenprofil ist in der Tat identisch mit der Spaltenkategorie, an dessen Stelle es den Wert Eins trägt.

Es ist ohne weiteres möglich, diese die Spaltenkategorien bzw. Parteien repräsentierenden extremen Zeilenprofile in die gewonnene niedrigdimensionierte Abbildung des Zeilenraums zu integrieren, indem gemäß Formel (V.4.5) ihre Projektionen auf die Hauptachsen ermittelt werden. Die Projektionen der Spaltenkategorien können insbesondere zur Interpretation der Hauptachsen hilfreich sein, indem man auf Gruppierungen und Kontraste in der Konfiguration der abgebildeten Spaltenpunkte sowie auf ihre Stellungen relativ zu den projizierten Zeilenprofilen achtet. Ein Zeilenprofil, das in der Richtung oder Nähe einer bestimmten Spaltenkategorie liegt, wird nun tatsächlich eine relativ hohe Profilkomponente in dieser Spalte aufweisen. Abb. VI.5 zeigt eine solche Integration der die Parteienpositionen in das ursprüngliche Diagramm der Bundesländer.

Correspondence Analysis Map by SimCA
Sitzverteilung Bundestag inkl. extremer Profile

Horizontal axis is dimension 1 with inertia = 0.1283 (84.4%)
Vertical axis is dimension 2 with inertia = 0.0178 (11.7%)
96.2% of total inertia is represented in the above map

Abb. VI.5: Projektion der Spaltenkategorien (Großbuchstaben) als zusätzliche Profile in das Diagramm der Zeilenprofile (Kleinbuchstaben). Aufgrund des ungewöhnlichen Charakters dieser zusätzlichen Profile--der Tatsache, daß bis auf eine Ausnahme ihre Komponenten jeweils Nullen darstellen--nehmen diese Profile in der Abbildungsebene recht extreme Postionen ein. Daher ist der Maßstab dieser Darstellung gebenüber der in Abb. VI.1 vergrößert worden.

Es muß in diesem Zusammenhang bedacht werden, daß die reduzierte Abbildungsebene zur Darstellung der Zeilenpunkte zuvor so gewählt wurde, daß sie soviel Streuung wie möglich innerhalb der Wolke der Zeilenprofile wiedergibt. Die Extrempunkte der einzelnen Spaltenkategorien werden also im Nachhinein unterschiedlich gut abgebildet werden. Ein Vergleich der quadrierten Kosinuswerte der Winkel zwischen den Spaltenpunkten und den Hauptachsen (COR) gibt Aufschluß über die Qualität ihrer Abbildung.

Polarisierte Profile dieser Art haben weder Einfluß auf die Definition der relevanten χ^2-Abstandsfunktion noch auf die Bestimmung der Hauptachsen. Daher gelten auch die Beiträge dieser Profile zu den

Hauptachsen (CTR) als nicht definiert. Diesen Punkten sind zudem keine Massen zugeordnet. Ihre Positionen relativ zu den anderen Profilen und den Hauptachsen lassen sich dennoch studieren.[5]

Darüber hinaus lassen sich beliebige zusätzliche Profile in ein KA-Diagramm als Interpretationshilfen hineinprojizieren. Es darf jedoch nicht vergessen werden, daß diese masselosen Punkte keinen Einfluß auf die Ausrichtung der Hauptachsen haben und daher die Bedeutung ihrer Abbildung jeweils kritisch hinterfragt werden muß.

VI.3.2. Multiple Korrespondenzanalyse

Unsere bisherigen Überlegungen zur KA basierten auf einer Kontingenz- oder Kreuztabelle, die die gemeinsame Verteilung zweier Merkmale wiedergibt. Um die KA zu einer *multivariaten* Betrachtungsweise auszubauen, werden in der Literatur zwei Wege vorgeschlagen.

Eine erste Möglichkeit, Abhängigkeiten höherer Ordnung mittels der KA zu analysieren, besteht darin, multivariate Daten in der KA-üblichen Form einer zweidimensionalen Tabelle auszudrücken und abzubilden. Diese Methode wird *stacking* genannt und beinhaltet die Bildung einer Supermatrix durch die Aneinanderreihung von verschiedenen Matrizen H_i.[6] Jede Matrix H_i stellt dabei die Kreuztabellierung von zwei Variablen A und B für jeweils einen anderen Wert einer weiteren Variablen C dar. Das KA-Diagramm einer solchen Supermatrix gibt Hinweise auf den Einfluß der Variablen C.

Die *multiple Korrespondenzanalyse* (MKA) stellt allerdings einen verbreiteteren Ansatz dar, multivariate Daten im Rahmen der KA zu untersuchen. Man strebt dabei an, sämtliche Kategorien von mehr als zwei diskreten Variablen graphisch darzustellen. Zu diesem Zweck definiert man

---

5. Die auf diesem Wege erreichten Projektionen der Spalten-(Zeilen-)kategorien im Zeilen-(Spalten-)raum entsprechen--auch wenn sie für einen anderen Zweck hergeleitet und anders begründet wurden--den in den Schriften Greenacres auftretenden "standard coordinates" oder "vertices". Siehe z.B. Greenacre (1984b), S. 70 ff.
6. Siehe z.B. Weller und Romney (1990), S. 85.

zunächst Dummy-Variablen für jede Kategorie und faßt dann die Daten in Form einer Indikatormatrix zusammen.

H sei beispielsweise eine Datenmatrix für n Objekte und Q Variablen. Insgesamt haben alle Q Variablen zusammen m diskrete Merkmalsausprägungen. Aus **H** läßt sich dann eine Indikatormatrix **Z** bilden, die nur Einsen und Nullen enthält und vom Typ n mal m ist. Das Zutreffen einer Merkmalsausprägung wird in **Z** mit einer Eins in der entprechenden Spalte kodiert, ansonsten liegt eine Null vor. Damit besteht jede Zeile von **Z** aus Q Einsen und m-Q Nullen.

Das Matrixprodukt **B** = **Z´Z** ist dann die zugehörige symmetrische *Burt-Matrix*, die eine verallgemeinerte Kreuztabelle aller m Variablen darstellt. Jede Submatrix abseits der Diagonalen in **B** erfaßt die Assoziation zwischen jeweils einem Paar der kategorischen Variablen. Jede Submatrix auf der Diagonalen von **B** hingegen entpuppt sich als eine Diagonalmatrix mit den einfachen Randhäufigkeiten der jeweiligen Variablen auf der Diagonalen. Mit anderen Worten werden in der Burt-Matrix *alle Paare* von Assoziationen betrachtet, was in dem englischen Ausdruck "joint bivariate" auch zum Ausdruck kommt.

Auswertungen, die sich auf Indikator- oder Burtmatrizen beziehen, werden als MKA´s bezeichnet. Die Interpretation von MKA´s gestaltet sich schwierig, insbesondere was die Deutung von Gesamtträgheit und Hauptachsen anbetrifft. Ausführliche Darstellungen von Theorie und Anwendungen der MKA finden sich in Greenacre (1984b), S. 126-168; Jambu (1992), S. 211-249; Lebart, Morineau und Warwick (1984), S. 81-108; sowie van der Heijden und de Leeuw (1989), S. 55 ff.

V.4. Zusammenfassung und Versuch einer epistemologischen Einordnung der Korrespondenzanalyse

In dieser Arbeit sind am Beispiel der KA die Absicht und Funktionsweise der modernen explorativen graphischen Datenanalyse diskutiert worden. Der Analysezweck dieses Skalierungsverfahren und ähnlicher Methoden ist darin zu sehen, mittels einer graphischen Abbildung Einsicht über die in einem Datenset vorhandenen Strukturen zu gewinnen und rasch erste

Klassifizierungen von ähnlichen Objekten vorzunehmen. Idealerweise sollen diese "Ergebnisse" Hinweise zur Entwicklung später überprüfbarer Hypothesen liefern können. Die KA gewinnt für die empirische Wirtschafts- und Sozialforschung vor allem daher ihren Reiz, daß sie sich speziell zur Skalierung qualitativer Variablen eignet.

Der explorative Ansatz, der der KA und ähnlichen Verfahren anhaftet, wird also mit der primären Intention betrieben, Daten gleichsam archäologisch zu ordnen und strukturell abzubilden. Zum Abschluß dieser Arbeit möchte ich daher--anstelle einer ausführlichen Zusammenfassung--auf die Frage der epistemologischen Einordnung eines solchen bewußt datenbezogenen, induktiven Vorgehens in die empirische wirtschaftswissenschaftliche Forschung eingehen.

Seit der Neuzeit stellen empirische Evidenz und ihre quantitative Erfassung sowie die Überprüfung von Hypothesen unter kontrollierten Bedingungen die Schlüsselkonzepte wissenschaftlichen Arbeitens dar. Als Folge dieser Standards gelten Theorien, die auf metaphysischen oder intuitiven Annahmen beruhen, als wissenschaftlich nicht akzeptabel. Der vermutlich bekannteste Ansatz einer definitorischen Bestimmung von "Wissenschaftlichkeit" ist der Karl Poppers, der das Kriterium der potentiellen Falsifizierbarkeit einer Theorie zur Prüfung ihres wissenschaftlichen Gehalts einführte.

Im Gegensatz zur naturwissenschaftlichen Forschung tun sich aber Wirtschafts- und Sozialwissenschaftler häufig schwer, mit den von ihnen erarbeiteten Aussagen diesem Anspruch gerecht zu werden. Es ist in diesem Zusammenhang interessant festzustellen, daß in der wissenschaftstheoretischen Literatur darauf hingewiesen wird, Popper habe bei der Entwicklung seiner methodologischen Regeln vor allem die Naturwissenschaften (und nicht die Wirtschafts- oder Sozialwissenschaften) im Auge gehabt.[7] Angesichts des offensichtlichen Erfolgs des wissenschaftlichen Arbeitens in den Naturwissenschaften haben dennoch zahlreiche Vertreter der Wirtschafts- und Sozialwissenschaften

---

7. Siehe Hands, D. Wade (1985). In diesem Aufsatz behauptet Hands, Popper plädiere in seinen Schriften zu den Wirtschaftswissenschaften stattdessen für "situationsgebundene Logik" bzw. "situationsgebundene Analyse".

angestrebt, die in den Naturwissenschaften praktizierte Methodologie in ihren eigenen Forschungsgebiete anzuwenden. Andererseits ist aufgrund der in der Sozialwissenschaften vorherrschenden experimentellen Restriktionen, die aus dem besonderen Charakter ihres Forschungsobjekts erwachsen, von anderen Vetretern des Faches dafür plädiert worden, qualitativ unterschiedliche Forschungskriterien für das sozialwissenschaftliche Vorgehen anzunehmen. Das Problem ist darin zu sehen, daß sich sozialwissenschaftliche Aussagen erfahrungsgemäß äußerst selten in der Form deterministischer Gesetzmäßigkeiten formulieren lassen.

Im Zentrum des wirtschaftswissenschaftlichen Forschungsinteresses steht, wie bei allen sozialwissenschaftlichen Disziplinen, menschliches Handeln als empirisch beobachtbares Phänomen. Die Schriften Max Webers liefern ein gutes Beispiel für das Dilemma, dem Sozialwissenschaftler beim Versuch, menschliches Handeln zu erklären, gegenüberstehen. Gemäß dem Weber´schen Konzept einer "verstehenden Sozialwissenschaft" soll der Forscher im Rahmen seiner eigenen Erfahrungen eine Erklärung für beobachtetes menschliches Handeln abliefern. Dieser hermeneutisch ausgerichtete Forschungsansatz steht in krassem Widerspruch zur naturwissenschaftlichen Praxis einer genauen empirischen Fundierung wissenschaftlicher Hypothesen sowie der aus der mathematischen Formulierung erwachsenden deduktiven Gewißheit dieser Aussagen.

In Frankreich vertritt insbesondere die *Analyse des Données-Schule* um Benzécri und Bourdieu angesichts dieser Schwierigkeiten die Idee eines "eigenen Weges" der Sozialwissenschaften und wendet konsequent die KA als phänomenologisch-induktiv orientiertes Verfahren zur empirischen Fundierung ihrer Theorien an. In den verschiedenen sozialwissenschaftlichen Disziplinen im deutsch- und englischsprachigen Raum hat sich bis heute hingegen die Methode der statistischen Verallgemeinerung als bevorzugtes Forschungsvorgehen etabliert. Streng genommen handelt es sich dabei jedoch um das Auffinden von Korrelationen in empirischen Daten und *nicht* um wissenschaftliches Forschen unter kontrollierten Versuchsbedingungen nach dem Vorbild der Naturwissenschaften. Letzteres wird alleine schon dadurch erschwert, daß die genaue Meßbarkeit der in den Wirtschafts- und Sozialwissenschaften untersuchten Phänomene bei weitem nicht immer gegeben ist. Umfeldwirkungen könnten zudem bei einer Anwendung klassischer Labortests nicht kopiert werden. Aber selbst für die korrekte Anwendung der Inferenzstatistik fehlen oft die notwendigen Bedingungen. Interindividuelle Reizreaktionen weisen aus vielerlei Gründen große Unterschiede auf und bilden eine schlechte Basis für Verallgemeinerungen.

Dieses gilt sogar oder erst recht für die eher pragmatisch ausgerichteten Zweige der Wirtschaftswissenschaften, bei denen qualitative Variablen im Mittelpunkt stehen und sich die KA am natürlichsten zur Anwendung anbietet. Explorative graphische Datenanalyse anhand metrischer Skalierungsverfahren wird bevorzugt in der Marketing- und Konsumentenforschung angewandt, die sich mit Einstellungen und Motiven, Präferenzen und Nutzen von Konsumenten auseinandersetzt. Hierbei handelt es sich jedoch um Geistes- oder Gemütszustände von Individuen und damit um Größen, die sich einer präzisen quantitativen Definition entziehen. Angesichts dieser Probleme sprechen selbst Marketingwissenschaftler, die betont experimentell arbeiten wie Werner Kroeber-Riel, neuerdings von einer "Öffnung der Konsumentenforschung gegenüber beschreibenden, verstehenden und deutenden Untersuchungsansätzen".[8] Metrische Skalierungsverfahren wie die KA harmonieren ausgesprochen gut mit diesem neuen Ansatz, wahrt doch gerade die graphische Abbildung eine so geforderte phänomenologische Perspektive. Allerdings stehen explorative Konzepte dieser Art dem deduktiven Hypothesen-Test-Paradigma Karl Poppers entgegen.

Für die Marketingforschung, die sich generell durch eine geringe theoretische Reife auszeichnet, empfiehlt Torsten Tomczak (1992) ein dem empirischen Induktivismus verpflichtetes Paradigma, das eher qualitativ orientiert sein kann. Tomczak verweist in diesem Zusammenhang auf den großen Erfolg der in den USA angewandten Methode der *Fallstudien* zur Untersuchung betriebswirtschaftlicher Fragestellungen, wo die Interpretation von Einzelbeobachtungen im Mittelpunkt steht, um auf diesem Wege zum Nachweis von Gesetzmäßigkeiten zu kommen. Auch Hans Raffée vertritt einen ähnlichen Standpunkt, wenn er sagt: "In jedem Fall begrenzt die geringe theoretische Reife der Betriebswirtschaftslehre die Brauchbarkeit der deduktiv-nomologischen Erklärungsmethode für die Lösung

---

8. Kroeber-Riel, W. (1990), S. 20.

aktueller betriebswirtschaftlicher Probleme."[9] Visualisierungstechniken wie die KA eignen sich zur Auswertung von *Surveys* und ähnlicher empirisch erhobener, tabellarisch zusammengefaßter Daten besonders gut und können damit dem gegenüber der Betriebswirtschaftslehre häufig geäußerten Vorwurf der mangelnden Praxisrelevanz theoretischer Forschung entgegentreten.

Der vage Charakter, der der explorativen graphischen Datenanalyse einschließlich der KA anhaftet, darf andererseits nicht zur Überschätzung ihrer Fähigkeiten führen. David C. Hoaglin betont zunächst: "An important element in the exploratory approach is *flexibility*, both in tailoring the analysis to the structure of the data and in responding to patterns that successive steps of analysis uncover."[10] Diese Flexibilität öffnet aber schlimmstenfalls Mißbrauch Tür und Tor. Bei der Durchführung einer KA macht es kaum Schwierigkeiten, durch geschickte Variablenselektion und -kodierung, durch illegitime Kombination heterogener Variablen innerhalb von Zeilen oder Spalten oder durch manuelles *Resampling* ein graphisches Ergebnis zu erzielen, das trotz unkorrekten Zustandekommens allein durch seine Suggestivität Unbedingtheit reklamiert. Man kann mit explorativen Methoden wie der KA vieles *zeigen*, dieses bringt jedoch keinesfalls notwendigerweise einen Beweis mit sich.

Seit der Veröffentlichung von Francis Bacons *Novum Organum* im Jahre 1620 ist die systematische Sammlung von Daten und ihre Beschreibung als ein notwendiger Schritt zur Generierung von Theorien anerkannt. Die Hypothesenanregung sollte als Endziel eines wissenschaftlichen Einsatzes der KA nie aus den Augen verloren werden. Dabei ist eine Stärke des Verfahrens darin zu sehen, daß die explorative graphische Datenanalyse mittels metrischer Skalierungsverfahren auf dem Computer durch die Untersuchung von sehr großen Tabellen empirisches Forschen in einem nie dagewesenen Ausmaß ermöglicht. Aber auch hier ist Vorsicht geboten. Paradoxerweise führt die Verbreitung des Computers (und hochentwickelter, benutzerfreundlicher Standardsoftware) dazu, daß der Forscher die direkte Verbindung zu seinen Daten verliert, wie John Fox und J. Scott Long

---

9. Raffée, H. (1984), S. 21.
10. Hoaglin, D.C. (1983), S. 579.

bemerken.[11] Die KA ist in ihrer Anwendung sehr einfach und in ihren graphischen Ergebnissen sehr eingängig. Diese Tatsache verleitet jedoch zum mißbräuchlichen Einsatz des Verfahrens, indem Variablen und Stichprobenumfang unüberlegt ausgewählt und die resultierenden Abbildungen vorschnell angeblich allgemeingültigen Interpretationen unterzogen werden, ohne daß der Frage der erfolgten Anpassungsqualität überhaupt nachgegangen wird. Gerade in der neueren deutschsprachigen betriebswirtschaftlichen Literatur sind zahlreiche Veröffentlichungen anzutreffen, denen dieser Vorwurf gemacht werden kann. Der mühsame Prozeß einer wissenschaftlichen Hypothesengenerierung ist mit diesen Beiträgen offensichtlich nie angestrebt worden.

Von daher verwundert es weniger, daß in der wirtschafts- und sozialwissenschaftlichen Literatur m.W. bisher keine Beispiele empirischer Arbeiten dokumentiert sind, die explorative Datenreduktionsverfahren oder Visualisierungstechniken anwenden, um danach relevante Variablen in einem Test auf bedeutsame Assoziationen zu prüfen. Da wir von der experimentellen Überprüfbarkeit vieler sozialwissenschaftlicher Aussagen noch weit entfernt sind, kommt allerdings einer mit der notwendigen Sorgfalt betriebenen Abbildung von Datenstrukturen bereits größte Bedeutung zu.

11.Fox, J. und Long, J.S. (1990), S. 8.

Literaturverzeichnis

Aldenderfer, Mark S. und Blashfield, Roger K. (1984) *Cluster Analysis*. Beverly Hills, CA.

Alesandrini, Kathy und Sheikh, Aness (1983) Research on Imagery: Applications to Advertising, in *Imagery: Current Theory, Research and Application*. Hrsg. Aness Sheikh. New York: 535-556.

Andrews, D.F. (1972) Plots of High-Dimensional Data. *Biometrics* 28: 125-36.

Ash, Mitchell Graham (1982) *The Emergence of Gestalt Theory. Experimental Psychology in Germany 1890-1920*. (Diss.) Cambridge, MA.

Backhaus, Klaus; Erichson, Bernd; Plincke, Wulff und Weiber, Rolf (^{6}1990) *Multivariate Analysemethoden*. Berlin und Heidelberg.

-- und Meyer, Margit (1988) Korrespondenzanalyse: ein vernachlässigtes Analyseverfahren nicht-metrischer Daten in der Marketing-Forschung, *Marketing ZFP* 4: 295-307.

Beninger, James R. und Robyn, D.L. (1978) Quantitative Graphics in Statistics: A Brief History. *The American Statistician* 32; 1: 1-11.

Benzécri, Jean-Paul (1969) Statistical Analysis as a Tool to Make Patterns Emerge from Data, in *Methodologies of Pattern Recognition*. Hrsg. S. Watanabe. New York: 36-74.

-- (^{3}1980) *Analyse des Données*. Bd. 1: *La Distinction*. Bd. 2: *L'Analyse des Correspondances*. Paris. (1. Aufl. 1973)

Bertin, J. (1983) *Semiology of Graphics*. Madison, WI.

Biehler, Rolf (1982) *Explorative Datenanalyse--Eine Untersuchung aus der Perspektive einer deskriptiv-empirischen Wissenschaftstheorie*. Bielefeld.

Blümle, Gerold (1975) *Theorie der Einkommensverteilung*. Berlin und Heidelberg.

BMDP Statistical Software Manuel (1992) Bd. 2. Berkeley und Los Angeles, CA: 683-756.

Bock, Hans-Hermann (1984) Explorative Datenanalyse--eine Übersicht. *Allgemeines Statistisches Archiv* 68: 1-40.

Boudon, Raymond (1986) Mathematical Thinking in the Social Sciences, in *Advances in the Social Sciences*. Hrsg. Karl W. Deutsch, A.S. Markovits und J. Platt. Lanham: 199-217.

Bourdieu, Pierre (1979) *La Distinction. Critique Sociale du Jugement*. Paris.

-- (1982) *Die Feinen Unterschiede. Kritik der gesellschaftlichen Urteilskraft*. Frankfurt/M.

-- (1984) *Homo Academicus*. Paris.

-- (1988) *Home Academicus*. Frankfurt/M.

Carroll, J. Douglas, Green, Paul E. und Schaffer, Catherine M. (1986) Interpoint Distance Comparisons in Correspondence Analysis. *Journal of Marketing Research* 23; 271-80.

-- (1987) Comparing Interpoint Distances in Correspondence Analysis: A Clarification. *Journal of Marketing Research* 24: 445-50.

Cibois, Philippe (1987) Jalons historiques. *Année Sociologique* 335-37.

Chambers, John M., Cleveland, William S., Kleiner, B. und Tukey, Paul A. (1983) *Graphical Methods for Data Analysis*. Belmont.

Chernoff, Herman (1973) The Use of Faces to Represent Points in k-Dimensional Space Graphically. *Journal of the American Statistical Association* 68: 361-68.

-- und Rizvi, M.H. (1975) Effect on Classification Error or Random Permutations of Features in Representing Multivariate Data by Faces. *Journal of the American Statistical Association* 70: 548-54.

Childers, Terry L. und Houston, Michael (1982) Imagery Paradigms for Consumer Research: Alternative Perspectives from Cognitive Psychology, in *Advances in Consumer Research*, Bd. 10. Hrsg. Alice M. Tybout und Richard P. Bagozzi. Ann Arbor, MI: 59-64.

Cleveland, William S. (1987) Research in Statistical Graphics. *Journal of the American Statistical Association* 82: 419-23.

-- und McGill, Robert (1984a) Graphical Perception: Theory, Experimentation and Application to the Development of Graphical Methods. *Journal of the American Statistical Association* 79: 531-54.

-- (1984b) The Many Faces of a Scatterplot. *Journal of the American Statistical Association* 79: 807-22.

-- (1985) Graphical Perception and Graphical Methods for Analyzing and Presenting Scientific Data. *Science* 229: 828-33.

-- (1987) Graphical Perception: The Visual Decoding of Quantitative Information on Graphical Displays of Data. *Journal of the Royal Statistical Association* Series A; 150: 192-229.

Daniel, C. und Wood, F.S. (1980[2]) *Fitting Equations to Data*. New York, NY.

du Toit, S.H.C.; Steyn, A.G.W. und Stumpf, R.H. (1986) *Graphical Exploratory Data Analysis*. New York.

Dunteman, George H. (1984) *Introduction to Multivariate Analysis*. Beverly Hills, CA.

The Economist (1992) The Human Mind: Touching the Intangible. Vol. 325; No.

7791: 115-20.

Feliciano, Gloria D.; Powers, Richard D. und Kearl, Bryant E. (1963) The Presentation of Statistical Information. *Audio Visual Communication Review* 11: 32-39.

Fienberg, Stephen E. (1979) Graphical Methods in Statistics. *The American Statistician* 33: 165-78.

Finch, Peter D. (1981) On the Role of Description in Statistical Enquiry. *British Journal of Philosophy and Science* 32: 127-44.

Fischer, G. (1981) *Lineare Algebra*. Braunschweig.

Fisher, R.A. (1940) The Precision of Discriminant Functions. *Annals of Eugenics* 10: 422-29.

Fox, John und Long, J. Scott (1990) *Modern Methods of Data Analysis*. Newbury Park, CA.

Fricke, Dirk (1990) *Einführung in die Korrespondenzanalyse*. Frankfurt/M.

Goldstein, M. und Dillon, W. (1978) *Discrete Discriminant Analysis*. New York.

Good, I.J. (1983) The Philosophy of Exploratory Data Analysis. *Philosophy of Science* 50: 283-95.

Goodman, Leo A. (1987) New Methods for Analyzing the Intrinsic Character of Qualitative Variables Using Cross-Classified Data. *American Journal of Sociology* 93: 529-83.

Gower, John C. (1988) Classification, Geometry, and Data Analysis, in *Classification and Related Methods of Data Analysis. Proceedings from the First Conference of the International Federation of Classification Societies, Aachen 1987*. Hrsg. Hans-Hermann Bock. Amsterdam: 3-14.

Green, Paul E. und Carroll, J. Douglas (1976) *Mathematical Tools for Applied Multivariate Analysis*. New York.

--; Schaffer, Catherine M. und Patterson, Karen M. (1988) A Reduced-Space Approach to the Clustering of Categorical Data in Market Segmentation. *Journal of the Market Research Society* 30: 267-88.

-- und Tull, D.S. (1982) *Methoden und Techniken der Marktforschung*. Stuttgart.

Green, William H. (1990) *Econometric Analysis*. New York, London.

Greenacre, Michael J. (1978) *Some Objective Methods of Graphical Display of a Data Matrix*. Johannesburg.

-- (1981) Practical Correspondence Analysis, in *Interpreting Multivariate Data*. Hrsg. V. Barnett. Chichester: 119-46.

-- (1984a) Graphical Display and Interpretation of Antelope Census Data in African Wildlife Areas, Using Correspondence Analysis. *Ecology* 65: 984-97.

-- (1984b) *Theory and Applications of Correspondence Analysis*. London.

-- (1987) Influential Data Analysis and Presentation of Survey Data. *Journal of Applied Statistics* 14: 153-64.

-- (1988a) Clustering the Rows and Columns of a Contingency Table. *Journal of Classification* 5: 39-51.

-- (1988b) Correspondence Analysis on a Personal Computer. *Chemometrics and Intelligent Laboratory Systems* 2: 233/4

-- (1989) The Carroll-Green-Schaffer Scaling in Correspondence Analysis: A Theoretical and Empirical Appraisal. *Journal of Marketing Research* 26: 358-65.

-- und Hastie, Trevor (1987) The Geometrical Interpretation of Correspondence Analysis. *Journal of the American Statistical Association* 82: 437-47.

-- und Underhill, Leslie G. (1982) Scaling a Data Matrix in a Low-Dimensional Euclidean Space, in *Topics in Applied Multivariate Analysis*. Hrsg. D.M. Hawkins. Cambridge: 183-268.

Guttmann, L. (1941) The Quantification of a Class of Attributes: A Theory and Method of Scale Construction, in *The Prediction of Personal Adjustment*. Hrsg. P. Horst. New York: 319-48.

Hamlyn, D.W. (1979) *The Psychology of Perception. A Psychological Examination of Gestalt Theory and Derivate Theories of Perception*. London.

Hands, D. Wade (1985) Karl Popper and Economic Methodology. *Economics and Philosophy* 1: 20-35.

Hartigan, J.A. (1982) Classification, in *Encyclopedia of Statistical Sciences*. Bd. 2. Hrsg. Samuel Kolz und Norman L. Johnson. New York: 1-8.

Hauser, Siegfried (1981) *Statistische Verfahren zur Datenbeschaffung und Datenanalyse*. Freiburg.

Hill, M.O. (1974) Correspondence Analysis: A Neglected Multivariate Method. *Applied Statistics* 23: 340-54.

-- (1977) Correspondence Analysis, in *First International Symposium on Data Analysis and Informatics, Versailles, Sept. 7-9, 1977*. Vol. 1. Hrsg. E. Diday et. al. Rocquencourt: 181-99.

-- (1982) Correspondence Analysis, in *Encyclopedia of Statistical Sciences*. Vol. 2. Hrsg. Samuel Kolz und Norman L. Johnson. New York: 204-10.

Hirschfeld, H.O. (1935) A Connection Between Correlation and Contingency. *Cambridge Philosophical Society Proceedings* 31: 520-24.

Hoaglin, David C. (1983) Exploratory Data Analysis, in *Encyclopedia of Statistical Sciences*. Bd. 3. Hrsg. Samuel Kolz und Norman L. Johnson. New York: 579-583.

Hoffmann, Donna L. und Francke, George A. (1986a) Graphical Respresentation of Categorical Data in Marketing Research. *Journal of Marketing Research* 23: 213-27.

Horst, P. (1935) Measuring Complex Attitudes. *Journal of Social Psychology* 6: 369-74.

Jambu, Michel (1989) *Exploration informatique et statistique de données*. Paris.

-- (1992) *Explorative Datenanalyse*. Stuttgart.

Jeffers, N.R. (1982) Component Analysis, in *Encyclopedia of Statistical Sciences*. Bd. 2. Hrsg. Samuel Kotz und Norman L. Johnson. New York: 82-86.

Jöreskog, Karl G. und Sörbom, Dag (1979) *Advances in Factor Analysis and Structural Equation Models*. Cambridge, MA.

Keita, L.D. (1992) *Science, Rationality, and Neoclassical Economics*. Newark.

King, J.R. (1971) *Probability Charts for Decision Making*. New York, NY.

Kleiner, B. und Hartigan, J.A. (1981) Representing Points in Many Dimensions by Trees and Castles. *Journal of the American Statistical Association* 76: 260-69.

Kopp, B. (1990a) Erfahrungen mit der Korrespondenzanalyse. *Planung und Analyse* 6: 219-22.

-- (1990b) Eine Gegenüberstellung von drei Mappingverfahren. *Planung und Analyse* 8: 289-93.

Kosslyn, Stephen M. (1985) Graphics and Human Information Processing. *Journal of the American Statistical Association* 80: 499-512.

-- (1989) Understanding Charts and Graphs. *Applied Cognitive Psychology* 3: 185-225.

Kroeber-Riel, Werner ([4]1990) *Konsumentenverhalten*. München.

Kruskal, W.H. (1981) Criteria for Judging Statistical Graphics. *Utilitas Mathematica* 21B: 283-310.

Lachenbruch, P.A. (1975) *Discriminant Analysis*. New York.

Lebart, Ludovic; Morineau, Alain und Fénelon, J.P. (1984) *Statistische Datenanalyse*. Berlin (Ost).

--; -- und Tabard, N. (1977) *Techniques de la Description Statistique: Méthodes et Logiciels pour l'Analyse des Grands Tableaux*. Paris.

--; -- und Warwick, Kenneth (1984) *Multivariate Descriptive Statistical Analysis: Correspondence Analysis and Related Techniques for Large Data Matrices*. New York.

Littlefield, R.J. (1984) *Basic Geometric Algorithms for Use with Graphic*

Input, in Proceedings of the 5th Annual Conference and Exposition. Hrsg. National Computer Graphics Association. Fairfax, VA: 767-76.

Lono, Marianne und Wainer, Howard (1978) Experiments in Graphical Comprehension, in *First General Conference on Social Graphics.* Leesburg, VA.

MacDonald-Ross, M. (1977) How Numbers are Shown. *Audio Visual Communication Review* 25: 359-409.

MacInnis, D.J. und Price, L.L. (1987) The Role of Imagery in Information Processing: Review and Extensions. *Journal of Consumer Research* 13; 4: 473-91.

Mallows, Colin L. and Tukey, John W. (1982) An Overview of Techniques of Data Analysis, Emphasizing it Exploratory Aspects, in *Some Recent Advances in Statistics.* Hrsg. J. de Oliveira und B. Epstein. London: 111-72.

Marr, D. (1982) *Vision.* San Francisco, CA.

McDonald, J.A. und Pedersen, J. (1985) Computing Environments for Data Analysis. *SIAM Journal of Scientific and Statistical Computing* 6: 1004-21.

McGill, Robert; Tukey, John W. und Larsen, Wayne A. (1978) Variations of Box Plots. *The American Statistician* 32; 1: 12-16.

Morrison, Donald F. (1967) *Multivariate Statistical Methods.* New York.

Mosteller, Frederick F.; Siegel, Andrew F.; Trapido, Edward und Youtz, Cleo (1981) Eye-Fitting Straight Lines. *The American Statistician* 35; 3: 150-52.

Nishisato, Shizuhiko (1980) *Analysis of Categorical Data: Dual Scaling and Its Applications.* Toronto.

Ord, J.K. (1967) Graphical Methods for a Class of Discrete Distributions. *Journal of the Royal Statistical Association* 130: 232-38.

Paivio, A. (1971) *Imagery and Verbal Processes.* New York, NY.

--- (1975) Images, Propostions, and Knowledge, in *Images, Perception, and Knowledge.* Hrsg. J.M. Nicholas. Boston: 47-71.

--- (1976) Imagery in Recall and Recognition, in *Recall and Recognition.* Hrsg. J. Brown. New York, NY: 103-130.

Parzen, Emanuel (1979) Nonparametric Statistical Data Modelling. *Journal of the American Statistical Association* 74: 105-21.

Perreault, William D., Jr. und Young, Forrest W. (1980) Alternating Least Squares Optimal Scaling: Analysis of Nonmetric Data in Marketing Research. *Journal of Marketing Research* 17: 1-13.

Pinto, Louis (1987) Graphique et Science d'Entreprise. *Actes de la Recherche en Sciences Sociales* 69: 93-7.

Playfair, William (1786) *The Commercial and Political Atlas*. London.

Raffée, Hans (1984) Gegenstand, Methoden und Konzepte der Betriebswirtschaftslehre, in *Vahlens Kompendium der Betriebswirtschaftslehre*. Bd. 1. München: 1-46.

SAS/STAT User's Guide ([4]1990) Version 6, Bd. 1. Cary, NC: 615-76.

Sawatzke, Frank (1991) MDS, Correspondence Analysis und Biplot: drei Verfahren zur räumlichen Darstellung von Kreuztabellen. *Planung und Analyse* 89-92.

Scharf, Andreas (1991) *Konkurrierende Produkte aus Konsumentensicht: Erfassung und räumliche Darstellung unter besonderer Berücksichtigung der Korrespondenzanalyse*. Göttingen.

Schönfeld, Peter (1984) Skalierungsverfahren zur Exploration mehrdimensionaler Daten. *Allgemeines Statistisches Archiv* 68: 81-95.

Schubert, B.; Franzen, Olaf und Scharf, Andreas (1989) Räumliche Darstellungen von Produkteigenschaftsbeurteilungen. *Marktforschung und Management* 4: 123-27.

Simon, Herbert A. und Hayes, John R. (1976) The Understanding Process: Problem Isomorphs. *Cognitive Psychology* 8: 165-190.

Snee, Ronald D. Graphical Display of Two-Way Contingency Tables. *The American Statistician* 1; 28: 9-12.

-- und Pfeifer, Charles G. (1983) Graphical Representation of Data, in *Encyclopedia of Statistical Science*, Bd. 2. Hrsg. Samuel Kotz und Normal L. Johnson. New York und Chichester: 488-511.

Spence, Ian und Lewandowsky, Stephan (1990) Graphical Perception, in *Modern Methods of Data Analysis*. Hrsg. John Fox und J. Scott Long. Newbury Park, CA: 13-57.

SPSS Categories (1990) Chicago, IL.

Stützle, Werner (1984) Graphische Exploration multivariater Daten am Computer. *Allgemeines Statistisches Archiv* 68: 63-80.

Tenenhaus, Michel und Young, W. Forrest (1985) An Analysis and Synthesis of Multiple Correspondence Analysis, Optimal Scaling, Dual Scaling, Homogeneity Analysis and other Methods for Quantifying Categorical Multivariate Data. *Psychometrika* 50; 1: 91-119.

Tilling, Laura (1975) Early Experimental Graphs. *British Journal for the History of Science* 8: 193-213.

Tomczak, Torsten (1992) Forschungsmethoden in der Marketingwissenschaft. *Marketing ZFP* 2: 77-87.

Tufte, Edward E. (1983) *The Visual Display of Quantitative Information*.

Cheshire, CT.

Tukey, John W. (1962) The Future of Data Analysis. *Annals of Mathematical Statistics* 33: 1-67.

-- (1977) *Exploratory Data Analysis*. Reading, MA.

-- (1980) We Need Both Exploratory and Confirmatory. *The American Statistician* 34; 1: 23-5.

-- und Wilk, M. B. (1970) Data Analysis and Statistics: Techniques and Approaches, in *The Quantitative Analysis of Social Problems*. Hrsg. E. R. Tufte. Reading, MA: 370-90.

van der Heijden, Peter G. M. und Meijerink, F. (1989) Generalized Correspondence Analysis of Multiway Contingency Tables and Multiway (Super-) Indicator Matrices, in *Multiway Data Analysis*. Hrsg. S. Bolasco und R. Coppi. Amsterdam: 185-202.

Wainer, H. (1974) The Suspended Rootogram and Other Visual Displays: An Empirical Validation. *The American Statistician* 28: 143-45.

-- und Reiser, Mark (1976) Assessing the Efficacy of Visual Displays, in *Proceedings of the American Statistical Association*, Social Sciences Section. Bd. I: 89-92.

Wang, P.C.C. (Hrsg.) (1978) *Graphical Representation of Multivariate Data*. New York.

Washburne, J. N. (1927) An Experimental Study of Various Graphic, Tabular and Textual Methods of Presenting Quantitative Information. *Journal of Educational Psychology* 18: 361-76.

Weller, Susan S. und Romney, A. Kimball (1990) *Metric Scaling: Correspondence Analysis*. Newbury Park, CA.

Zeitfracht Medien GmbH
Ferdinand-Jühlke-Straße 7
99095 Erfurt, Deutschland
produktsicherheit@kolibri360.de